KB125824

행운을 어떻게
다스릴 것인가

로또에 당첨 되고도 —— 행복하게 사는 법

마키아벨리와 정치 토크 ❸

행운을 어떻게
다스릴 것인가

로또에 당첨 되고도 행복하게 사는 법

펴낸날 | 2019년 8월 15일

지은이 | 이남석

편집 | 김지환
표지 일러스트 | 이진우

펴낸곳 | 도서출판 평사리 Common Life Books
출판신고 | 제313-2004-172 (2004년 7월 1일)
주 소 | 고양시 덕양구 중앙로558번길 16-16 능곡종합프라자 710호
전 화 | 02-706-1970 팩 스 | 02-706-1971
전자우편 | commonlifebooks@gmail.com

이남석 ⓒ 2019
ISBN 979-11-6023-251-6 (03340)
ISBN 979-11-6023-248-6 (세트)

마키아벨리와 정치 토크 ❸

행운을 어떻게 다스릴 것인가

로또에 당첨 되고도 ____ 행복하게 사는 법

이남석 지음

평사리
Common Life Books

일러두기 __ 이 책에서 마키아벨리가 지은 『군주론』의 구절을 인용할 경우, 저자가 번역하고 주해한 『군주론: 시민을 위한 정치를 말하다』(평사리, 2017)에서 뽑았고, '(『군주론』, 00쪽)' 꼴로 줄여서 표기했다.

이 글은 마키아벨리의 포르투나와 비르투나를 다룹니다. 포르투나는 행운과 기회를, 비르투나는 역량을 말합니다. 그는 행운과 기회를 어떻게 잡아야 할지를 논의합니다. 그의 주장은 간단합니다. 행운과 기회가 다가올 때, 잡을 수 있는 역량을 키워라! 하지만 이것을 실천하는 것은 쉽지 않습니다.

마키아벨리의 역량 강화책 역시 간단하지만, 실천하기 쉽지 않습니다. 그는 위대한 군주들을 모방하라고 강조합니다. 몸과 두뇌 역량의 강화는 사냥으로, 영혼 역량의 강화는 독서가 그 처방전입니다. 사냥은 몸 훈련인 동시에 지형학 습득에 도움이 되고, 독서는 위대한 군주들을 모방함으로써 영혼 강화에 도움이 됩니다.

평범한 시민인 우리들 역시 건강한 몸, 스마트한 두뇌, 강인한 영혼을 가지고 있다면, 어떤 난관도 극복할 수 있고 손안에 온 기회를 잡기도 쉽습니다. 지극히 간단한 마키아벨리의 위기 대처법과 행운 취득법을 자유자재로 다루기 위해서 우리는 끊임없이 노력해야 합니다. 마키아벨리는 끊임없이 독서를 통해 모방, 또 모방하라고 강조합니다.

이 글은 『군주론: 시민을 위한 정치를 말하다』와 2017년 여름 '책읽는 사회 만들기 운동 본부'에서 행한 강의를 토대로 집필되었습니다. 저서는 마키아벨리의 이론을 다룬 반면, 강연은 다양한 사례와 비유를 들며 설득에 집중하였습니다. 양자의 화학적 결합의 산물인 이 글은 마키아벨리 이론의 대중적 소개라는 성격을 지닙니다.

마지막으로 이 글은 스마트폰 시대의 글쓰기와 읽기를 어떻게 할 것인가라는 고민의 산물입니다.

유튜브, 틱톡, 인스타그램 등 정보 전달의 영상매체로의 급격한 이동은 어떻게 쓰고 읽어야 할 것인가라는 질문을 던지고 있습니다. 이 글은 그 고민의 결과입니다. 영상정보 시대에 맞는 다양한 글쓰기와 읽기가 나오면 좋겠습니다.

2019년 8월

이남석

행운이냐, 저주냐! 11

행운과 불행 19

불시에 다가오는 죽음은 어쩔 수 없다 27

행운의 여신을 만나면 37

부의 신은 장님 45

행운의 여신 티케 그리고 플루토스 57

망하는 자와 성공하는 자 73

행운보다 더 중요한 것 87

비르투나 그림이 없는 이유 107

모방, 또 모방 121

시라쿠사의 히에론을 모방하라 131

무엇을 모방해야 하는가? 145

책 읽기는 영혼의 훈련 159

로또 당첨 후 행복 지키기 181

행운이냐,

저주냐!

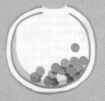

강의를 시작하겠습니다.

이번 강의 주제는 행운과 역량 그리고 모방입니다. 강의는 부분적으로 신화의 도움을 받아 마키아벨리의 사상에 접근하겠습니다.

행운과 역량이라는 주제는 나쁘게 말하면 가장 속물적으로, 좋게 말하면 가장 현실에 도움이 되는 것으로 느껴집니다. 포르투나와 비르투나라는 주제는 현대인이 가장 좋아할 내용이라고 생각합니다. 현대인이라면 마키아벨리를 가장 현실적으로 접근할 수 있는 내용이기도 합니다. 그 이유는 우리가 매일 부딪치는 문제이기 때문입니다.

오늘 강의 주제는 로또에 당첨되었을 때,
행복하게 사는 법이라고 해도 좋겠습니다.

물론 로또에 당첨되는 법을 가르쳐주지는 못합니다. 그건 인간과 신의 영역 밖의 문제이기 때문입니다. 인간의 손길이 미치지 못하는 이유는 아무리 열심히 노력해도, 확률을 연구해도 당첨되기 쉽지 않기 때문입니다. 신도 아무런 힘을 못 쓰는 이유는 종교를 열심히 믿고 아무리 착하게 산다 해도, 부처님도 예수님도, 성모님도 로또 번호를 가르쳐주지 않고 가르쳐주지 못하기 때문입니다.

로또 당첨은 인간의 능력도 신의 능력도 미치지 못하는 또 다른 영역입니다. 그것은 말 그대로 행운,
포르투나의 영역입니다.

오늘 강의는 만약 로또에 당첨되었을 때, 어떻게 해야 행복하게 살 수 있는지를 말씀드리겠습니다. 그것은 인간 능력의 영역이기 때문입니다. 당첨된 자의 능력에 따라 행복하게 살 수도 있고, 불행하게 살 수도 있습니다. 로또 당첨 후 행복하게 살아가는 법은 신의 능력이 미치지 못하는 또 다른 영역입니다.

로또 당첨 후 행복하게 사는 것은
능력,
비르투나의 영역입니다.

인생에서 행운이 찾아왔을 때, 어떻게 행동할 것
인가? 이런 질문들을 던져봅니다. 로또에 당첨되
는 것이 진짜 행복인가 저주인가? 로또 당첨 후, 그
끝이 좋으면 행운이고, 좋지 않은 결과로 끝나면
저주입니다. 물론 저주를 받아도 좋으니 '당첨만
된다면 좋겠다'라고 말하는 분들도 있습니다.

오늘 강의는 마키아벨리 사상을 바탕으로 로또
에 당첨되었을 때 행복하게 사는 법, 그것을 준비
하는 법을 말씀드리겠습니다. 다수의 문학작품에
는 어렵게 살다가 로또를 맞는 것과 같은 상황을
자주 표현합니다.

『왕자와 거지』에서 왕이 된 거지는
지금 식으로 말하면 로또를 맞은 겁니다.

누가 보아도 거지는 인생의 로또를 맞았습니다. 반대로 왕자도 로또를 맞았다고 볼 수 있습니다. 왕자가 거지가 되어 어렵게 살아가는 시민을 보지 못했다면, 정말 좋은 왕이 될 수 있었을까요? 이렇게 생각하면 그 왕자도 인생의 로또를 맞은 셈입니다.

　우리가 다 아는 신데렐라도 사실은
　인생의 로또를 맞은 것입니다.

　제아무리 잘생기고 예쁘다고 해도 행운이 따라주지 않을 수 있습니다. 하지만 신데렐라는 행운이 따라주었기 때문에 왕자와 결혼할 수 있었습니다. 콩쥐도 인생에서 로또를 맞은 것이나 마찬가지입니다. 콩쥐도 자기가 원님을 만날 수 있는 능력이 되니까 좋은 결과를 얻었습니다.

　이런 류의 소설이 아주 많습니다. 『제인 에어』나 『키다리 아저씨』, 영화 〈프리티우먼〉, 만화영화

〈캔디〉도 다 신데렐라류 스토리입니다. 이런 신데렐라 유형의 이야기는 다양한 버전으로 계속 만들어지고 있습니다. 팍팍한 삶을 살아갈 수밖에 없는 사람들, 로또가 인생의 유일한 탈출구인 시민은 이런 이야기를 무척 좋아합니다.

실제로 로또 맞는 사람들의 인생이
불행해질 때가 많습니다.

로또의 저주는 무척 무섭습니다. 인터넷으로 찾아보면, 로또 당첨 후 삶이 망가진 사례는 무척 많습니다. 물론 극히 드물지만 당첨 후 행복하게 사는 분들도 있습니다. 또한 왕자와 거지, 신데렐라, 콩쥐 등 이야기 속에서 로또를 맞은 주인공들은 대부분 행복해집니다.

그들은 왜 행복해졌는가?

이 질문에 대한 답변이 이번 강의의 주제입니다.

그 답은 딱 하나입니다. 행복을 누릴 만한 자격이 있기 때문입니다. 만약 준비되지 않았다면, 거지가 왕자 노릇을 할 수가 없습니다. 귀동냥, 눈동냥, 보고 들은 게 있으니까 자신에게 왕자 역할이 주어졌을 때, 그 엄청난 역할극 놀이를 제대로 해냅니다.

신데렐라도 나름 준비가 철저했습니다. 콩쥐 역시 준비가 철저했습니다. 자기한테 행운이 왔을 때, 그 행운을 꽉 잡고 놓치지 않을 수 있는 역량이 있었습니다. 준비된 자만이 행운을 누릴 수 있다는 것은 사실입니다.

어떻게 보면 매우 단순한 문제일 수도 있지만, 사실 쉽지 않은 문제입니다. 로또에 당첨되었을 때, 과연 얼마나 인생을 행복하게 살 수 있을 것인가? 이런 질문을 던져보시기 바랍니다. 실패하기 십상입니다. 부부 관계도, 가족 관계, 친인척 관계도 다 깨지고 외롭게 살다 죽을 수도 있습니다. 몇몇 분만이 제대로 살아갈 것입니다.

행운과
불행

어떻게 하는 것이 옳을 것인가?

행운이 다가왔을 때 어떻게 지킬 것인가?

불행과 고통의 불운에서 어떻게 탈출할 수 있을까?

오늘 강의는 이런 문제를 다룹니다. 강의 주제는 포르투나와 비르투나 그리고 그 비르투나와 관련된 모방입니다. 그리 오래 살지 않았지만, 인생을 살아가는 원칙은 딱 한 가지라고 생각합니다.

큰 문제에 봉착했다면 작은 문제로 쪼개라.

작은 문제에 부딪쳤다며 없는 문제로 만들어라.

사실 이렇게 행동한다면, 인생이 그리 불행하지 않습니다. 하루살이 인생인 우리는 이와 반대로 행동합니다. 없던 문제는 작은 문제로 만들고, 작은 문제는 긁어서 큰 부스럼으로 키웁니다. 그리고 이 문제를 감당 못하겠다고 아우성입니다.

이것은 역량에서 비롯됩니다.

포르투나와 비르투나를 이해하려면, 먼저 『군주론』의 구조를 이해해야 합니다. 마키아벨리는 『군주론』을 쓰면서 매우 독특한 전략을 씁니다. 마키아벨리의 전략은 서문을 쓰지 않고 헌정사만 쓰고, 서문에 해당하는 내용을 결론에서 쓰는 것입니다.

『군주론』은 1장에서 출발해서 26장까지 갈 수 있고 26장에서 출발해서 1장까지 되돌아올 수도 있습니다. 『군주론』은 한 특정한 장에서 주제를 끄집어내서 이쪽과 저쪽을 연결해 다른 책이 될 수 있는 구조를 갖게끔 독특한 글쓰기 전략을 취합니다.

마키아벨리의 글쓰기는 니체 식의
잠언식 글쓰기의 원형으로 보아도 좋습니다.

마키아벨리와 니체 모두 하나의 문장에 아주 많은 내용을 담아냅니다. 니체는 잠언식으로 글을 쓰다가 말년에 『도덕의 계보학』을 씁니다. 니체는 자신이 아주 짧게 쓴 글 중에 한 부분을 풀어쓰면 논문 한 편이 된다는 것을 보여주겠다며, 『도덕의 계보학』에서 논문 세 편을 씁니다.

니체는 자신의 잠언식 글쓰기에 대한 자부심이 대단합니다. 그는 이를 다음과 같이 표현합니다.

> 독자들은 잠언의 형식에 어려움을 느낀다. …… 충분히 점차 탁마되어 이뤄진 잠언이란 단순히 읽는다고 해서 해독될 수 있는 것이 아니다. 오히려 거기에서 그 해석이 시작되어야 하지만 거기에는 또한 해석의 기술이란 것이 필요하다. 나는 이 책의 세 번째 논문에서, 이런 경우 내가 '해석'이라고 여기는 일례를 들어보았다 — 이 논문의 서두에는 하나의 잠언이 붙어 있으며, 논문 자체는 그것의 주석에 불과하다. (니체, 김태현 옮김, 『도덕의 계보』, 청하, 1998, 29쪽)

니체의 말대로라면, 해석을 제대로 하기만 하면 잠언 하나는 논문 한 편입니다. 니체의 말대로라면, 니체는 아마도 수천 편의 논문을 쓴 것이나 마찬가지입니다.

마키아벨리의 글도 마찬가지입니다. 짧은 글 하나가 논문 한 편에 해당할 만큼 풍부한 역사적 사실과 당대의 사건, 그리고 인류사를 관통하는 인문학적 지혜가 있습니다. 그의 글을 니체의 조언대로 읽으면, 훌륭한 한 편의 논문이 됩니다.

이처럼 기술로서 독서를 하기 위해서는 망각되어 있는 한 가지 일이 필요하다. 이를 망각하였기 때문에 나의 저서가 읽을 수 있게 되기까지에는 어느 정도의 시간이 필요한 것이다 ― 따라서 이 하나를 위해서 독자들은 거의 소(牛)가 되어야 하며, 그리고 어떠한 경우에도 '현대인'이 되어서는 안 된다. 그 하나의 일이란 되새기는 것[反芻]을 말한다. (니체, 김태현 옮김, 『도덕의 계보』, 청하, 1998, 29쪽)

하나의 문장과 한 개의 장을 소화하기 위해서 필요한 것은 소처럼 되새기고 또 되새기는 반추가 필요하다는 니체의 역설은 자부심 그 자체입니다. 마키아벨리의 글은 니체보다 더하면 더했지 못하지 않습니다. 하지만 마키아벨리는 니체처럼 이런 글을 쓸 수 없었습니다. 니체의 독자는 그가 그토록 혐오하던 난쟁이 같은 현대인이었다고 한다면, 마키아벨리의 독자는 단 한명의 거대한 거인, 군주였기 때문입니다.

마키아벨리의 사상을 이해하려면,
구조의 이해가 필수적입니다.

구조적으로 보면 4부는 서론 같기도 하고 결론 같기도 합니다. 26장은 분명히 결론입니다. 하지만 24장과 25장은 서문에 해당되는 독특한 글쓰기를 합니다.

'결론형 서문 쓰기'는
마키아벨리의 독창적인 글쓰기입니다.

책을 쓰면서 누구도 시도한 적 없는 자신만의 독특한 서문을 쓸 수 있다면, 그는 새로운 글쓰기를 창출한 위대한 문필가입니다.

마키아벨리는 4부 결론부 첫머리인 24장에서 앞에서 군주가 갖춰야 할 덕목을 1부, 2부, 3부에서 집필했다고 밝힙니다. 그는 25장에서 시민의 지지, 자국군, 적절한 본보기를 취할 수 있는 역량을 군주가 갖췄다 할지라도 그 군주에게 불행이 닥쳐왔을 때 어떻게 하면 좋을지를 서술합니다. 마키아벨리는 여기서 포르투나(Fortuna)와 비르투나(Virtuna)를 설명합니다.

마키아벨리는 군주라면 시민을 존중하고 좋은 군대를 준비하고 그다음 적당한 본보기를 보일 줄 아는 역량, 다시 말하면 비르투나를 갖춰야 한다고 주장합니다. 하지만 이런 역량을 갖춘다 해도 군주는 불행에 처할 수 있습니다.

군주는 행운과 불행에 어떻게 대처해야 할까요?
현대를 살아가는 우리는
행운과 불행에 어떻게 대처해야 할까요?

불시에 다가오는

죽음은

어쩔 수 없다

25장의 포르투나(행운)와 비르투나(역량)를 앞으로 끌고 가면 『군주론』을 새롭게 읽을 수 있습니다.

25장을 6장과 7장과 14장을 연동해서 읽어보시길 바랍니다. 6장은 자신의 능력으로, 자신의 군대로 군주가 된 자에 대한 이야기입니다. 7장은 타인의 도움과 자신의 능력으로 군주가 된 자에 대한 이야기입니다. 14장은 군대와 관련된 마지막 장으로 꽤 짧은데, 군주가 어떠한 역량을 갖추어야 할지를 다룬 매우 획기적인 내용입니다. 14장은 뒤에서 자세히 살펴보겠습니다.

마키아벨리가 행운과 역량을 다루는 것은 아주 중요한 의미가 있습니다.

요즘도 '운칠기삼'을 이야기합니다. 운이 7이고 기는 3이라고 합니다. 흙수저와 금수저는 나의 능력과 역량이 아니라 조상과 부모에 의해 결정됩니다.

대부분 사람은 자신의 능력보다 운이 더 많은 영향을 끼친다고 생각합니다. 일이 잘 안 풀리면 조상 탓을 합니다. 일이 잘 안 풀리면 남 탓도 합니다.

한 500년 전으로 거슬러 올라가면, 그때는 철저한 신분제 사회입니다. 철저한 신분제 사회이기 때문에 각자의 신분이 혈통에 따라 결정됩니다. 아버지가 귀족이면 내가 귀족이고, 내가 아무리 능력이 뛰어나도 아버지가 농노이면, 농노를 벗어나지 못합니다. 이전 시대는 모든 것이 운에 따라 결정된다고 해도 과언이 아니었던 시대입니다.

마키아벨리는
운보다 역량이 중요하다고 선언합니다.

모든 것이 운에 따라 결정되었던 시대에, 마키아벨리는 홀로 운보다 역량이 더 중요하다고 이야기했습니다. 대단한 발상의 전환입니다. 마키아벨리의 혁명적 반전은 지금 보아도 대단합니다.

운 대신 역량이 인간을 결정한다는 것 역시 마키아벨리의 혁명적 사고입니다. 현재도 우리는 살다가 지치고 힘들면 남 탓하고 운의 탓으로 돌리곤 합니다.

인간은 행운보다 역량이 중요다고
마키아벨리는 주장합니다.

언론을 보시면 로또에 당첨되기는 쉽지 않지만, 어렵게 당첨되어도 망하는 사람이 많습니다. 마키아벨리는 자기에게 다가온 행운을 어떻게 잘 지킬지 이야기합니다. 로또의 당첨은 내가 어떻게 할 수 없지만, 일단 당첨되면 내가 그 기회를 어떻게 선용할지는 전혀 다른 문제가 됩니다.

마키아벨리는 인간이 역량으로 막을 수 없는
운은 딱 한 가지라고 보았습니다.

7장은 체사레 보르자의 일생을 다룬 장입니다. 마

체사레 보르자의 초상화(알토벨로 멜로네, 1500~1524)

키아벨리는 이 장을 통해서 아주 많은 이야기를 하고 싶어 합니다. 체사레 보르자는 마키아벨리가 생각한 가장 이상적인 군주의 한 명이기 때문입니다.

마키아벨리는 체사레 보르자를 다루면서 그가 "많은 것을 예견했지만 모든 것을 예측하지는 못했다"고 말합니다.
체사레 보르자는 이런 말을 합니다.

나는 아버지가 돌아가셨을 때 발생할 수 있는 모든 것을 생각해 두었고, 그에 대한 대비책도 마련했다. 하지만 나는 아버지가 돌아가시는 그 순간 내 자신도 죽음에 임박하리라는 것을 결코 생각하지 못했다. (『군주론』, 265쪽)

체사레 보르자는 아버지가 돌아가실 무렵, 무엇을 해야 할지 철저하게 준비했습니다. 하지만 단한 가지 예측하지도, 준비하지도 못한 것이 있습니다. 반드시 죽어야만 하는 인간에게 언제 닥칠지모르는 죽음입니다.

체사레 보르자는 엄청난 역량을 발휘해 이탈리아의 통일 군주가 되었을지도 모릅니다. 하지만 그런 출중한 역량을 갖추었던 체사레도 죽음만큼은 어찌할 수 없었습니다. 체사레 보르자는 20대 초반에 걸린 매독 때문에 30대 초반에 죽음을 맞이하게 됩니다.

인간은 죽음을 막을 수 없습니다.

마키아벨리는 아무리 역량 있는 사람일지라도 죽음만큼은 어찌할 수 없다고 말합니다. 체사레가 바로 그 예입니다. 마키아벨리의 말을 반대로 뒤집어보십시오. 인간은 죽음에 대항할 수 없지만, 그 외의 대부분을 통제할 수 있다가 됩니다.

7장은 긴장과 떨림이 최고조에 도달합니다.

마키아벨리는 살아 있는 현실 군주 메디치에게 책을 바치는데, 자신이 이상적이라고 생각하는 군주를 써야 합니다. 그 이상적인 군주가 메디치와 같은 시대를 사는 당대의 인물입니다. 마키아벨리는 메디치가 집권하는 피렌체 바로 옆에 있는 교황형 국가의 군주, 체사레 보르자를 칭찬해야 합니다.

7장은 "메디치여! 당신은 이 사람을 따라 해야 합니다. 따라하면 당신의 꿈을 이룰 수 있습니다"라고 역설하는 장입니다. 마키아벨리도 덜덜 떨며 글을 썼을지 모르고, 읽는 메디치도 부르르 떨며 읽었을지도 모릅니다. 피렌체 바로 옆에 있는 교황형 국가의 군주를 따르라는 감추어진 무언의 명령이 범상치 않기 때문입니다.

7장을 읽으며 전율을 느끼셨습니까?

마키아벨리가 얼마나 긴장하면서 글을 썼을지 느낌이 오셨다면, 엄청난 내공의 책읽기를 하시는 분입니다. 마키아벨리는 7장을 쓰면서 목숨을 걸었고, 메디치가 7장을 읽었다면 분노 아니면 끄덕

거림 둘 중 하나를 선택해야 합니다.

  메디치가 어떻게 받아들이냐에 따라 마키아벨리의 생사가 갈립니다. '건방진 놈'이란 말이 나오면 마키아벨리는 죽음입니다. 반대로 '으음~' 하고 곤혹스러운 단말마의 가래가 끓는 소리를 내면 마키아벨리는 직업을 얻을 수도 있습니다.

  7장은 에둘러 하는 메디치에 대한 잔소리입니다.

  7장은 정확하게 말하면, 타인의 도움을 받아서 성공한 자가 자신의 능력과 역량을 키워야 한다고 말하는 부분입니다. 마키아벨리는 체사레를 빗대어 말하지만, 메디치에게 가문 덕분에 왕이 되었으므로 '너의 능력을 키워라'고 말합니다.

  인간에게 역량만큼 중요한 것은 없습니다.

  마키아벨리가 우리에게 하고 싶은 말입니다.

행운의
여신을
만나면

역량이 매우 중요합니다.

마키아벨리는 『군주론』의 처음부터 끝까지 인간에게 중요한 것은 행운이 아니라 역량과 능력이라는 점을 강조합니다. 그는 14장에서 군주가 어떻게 훈련해야 할지에 대한 내용을 굉장히 짧은 글로 씁니다. 다시 말하면 군주가 자신의 역량을 어떻게 키워야 하는지를 다룹니다.

6장은 모방에 관해 이야기합니다. 군주는 누구를, 무엇을 모방해야 할 것인가. 7장은 역량 있는 군주 체사레 보르자를 다룹니다.

결론적으로 6장, 7장, 14장의 뭉뚱그려서 행운과 역량의 관계를 살펴봐야 합니다.

이 강의를 들으면서 다음과 같은 점에 대해 미리 양해를 부탁드립니다.

첫 번째로 금수저와 흙수저와 관련입니다.

마키아벨리를 언뜻 읽다 보면 이런 오해를 할 수 있습니다. 흙수저들이 지지리도 못난 것은 네가 역량을 키우지 않아서라고 비쳐질 수 있습니다. 그런 것이 아니라는 것을 전제로 하겠습니다. 금수저와 흙수저 논쟁은 정치경제적 맥락과 사회적 맥락을 무시하고 논의할 수 없기 때문입니다. 이 부분은 또 다른 영역에서 다뤄야 할 문제입니다.

두 번째는 행운의 여신입니다.

여신을 이야기했을 때 대응하는 신은 남성신입니다. 포르투나는 행운을 지칭하는 여성신이고, 비르투나는 역량을 지칭하는 남성신입니다. 행운은 여성, 역량은 남성으로 나눈다고 해서 여성을 비하하려는 의도는 없습니다. 특히 뒤에 보시면 포르투나를 마음대로 하기 위한 청년의 태도는 불편할 수도 있습니다. 행운과 역량을 다만 비유로 표현한 것으로 이해해주면 좋겠습니다.

마키아벨리의 『군주론』을 읽을 때, 이 둘을 전제해서 읽는 것이 좋습니다. 16세기 마키아벨리적인 비유 정도로 이해하시면 됩니다. 가난한 자에 대한 편견, 여성과 남성에 대한 편견이 아닙니다. 자연적 성이 되었건 사회적 성이 되었건, 성도 그 시대의 산물이라는 점을 전제로 이해주시면 좋겠습니다.

포르투나는 행운의 여신입니다.

행운의 여신, 포르투나가 어떻게 표현되는지 살펴보시길 바랍니다. 망망대해, 바다, 그 위에 떠 있는 돛단배, 배를 조정하는 키, 바다의 신 폰토스, 행운을 상징하는 깃털, 그리고 공.

망망대해, 바다는 인생살이가 험난하다는 것을 상징합니다. 배는 바다 위에 떠 있는 인간을 말합니다. 키는 인생이 어디로 갈 것인가를 선택하는 걸 뜻합니다. 바다의 신 폰토스는 바다로 이해하시면 됩니다. 공은 어디로 굴러갈지 모르는 우리 인생을 보여줍니다. 깃털은 작은 바람에도 영향을 받는 것의 상징입니다.

행운의 여신(한스 세발드 베함, 1541)

우리가 망망대해 바다 위에 떠 있는 배라면 어떨까요?

언제 비바람이 몰아치고, 거대한 파도가 일지 모릅니다. 우리가 의지할 것이라곤 키 하나밖에 없습니다. 그마저도 우리 마음대로 되지 않습니다. 바람과 파도가 키의 주인이 되는 것이 예사입니다. 우리가 키를 마음대로 조정해서 등대가 보이는 목적지를 향해가고 싶지만, 인생은 우리 뜻대로 되지 않습니다.

망망대해 위에서
어디로 흘러갈지 모르는 것이 인생입니다.

우리가 손에 깃털을 들고서 어디로 굴러갈지 모르는 공위에 서 있다면 어떨까요? 작은 바람에도 깃털은 휘날리고, 그 움직임에 우리의 인생은 어디로 굴러갈지 모릅니다. 우리가 몸을 조금만 움직여도 우리의 삶은 어디로 흘러갈지 모릅니다. 발이 조금만 흔들려도 우리는 굴러떨어집니다. 이것이 인생입니다.

인생은 1분 1초 앞도 알 수 없고,
항상 위태위태합니다.

난바다에서 엄청난 폭풍우에 휘말려 전혀 알지 못한 곳에 도착합니다. 이것이 인생입니다. 그곳에서 멋지고 잘나고 부자인 배우자를 만나 결혼하고 행복하게 살게 되었습니다. 이것이 인생입니다. 공 위에서 떠밀려 앞으로 넘어졌습니다. 이것이 인생입니다. 그곳에서 커다란 금덩이를 발견했습니다. 이것이 인생입니다.

포르투나는 무엇일까요?

행운의 여신 포르투나는 어떤 신일까요? 행운도 불행도 가져오는 것이 행운의 여신입니다. 행운의 여신 곁에 있는 공이 저한테 다가온다면 어떨까요? 바다 위에 배에서 제가 키를 잘 잡고 나아간다면 어떨까요? 행운의 여신은 기회입니다. 행운의 여신은 기회의 여신입니다.

반대로 공과 배는 저에게 불행으로 다가올 수 있습니다. 만약 난바다에서 운명의 장난을 만나면, 매우 위험합니다. 그때 행운의 여신은 불행의 여신입니다. 행운의 여신은 긍정적으로 다가올 때는 기회이지만, 부정적으로 다가올 때는 불운입니다. 기회와 불운은 행운의 여신의 두 얼굴입니다.

긍정적으로 받아들이면 기회이고 나쁘게 받아들이면 불운입니다.

부의 신은

장님

부의 신 플루토스는 앞을 보지 못합니다.

아리스토파네스의 희극 「부의 신」에서 행운을 더 알아보겠습니다. 부의 신, 플루투스는 장님입니다. 앞을 보지 못합니다.

아리스토파네스의 「부의 신」을 읽다 보면, 자식에게 무엇을 가르쳐주어야 하는지 고민하게 됩니다. 자식들에게 착하게 살라고 가르치기 쉽지 않습니다. '착하게 살면'이란 가정법은 좋은 결과를 전제로 합니다. 이 가정은 '잘살 수 있다', '부자가 될 거야'라는 결과로 귀결되어야 합니다.

현실은 그렇지 않습니다.
'착하게 살면, 바보야!'로 귀결됩니다.

이 가정법 대신 '정직하게 살면', '남을 도우면서 살면', '거짓말하지 않고 살면', '약속을 잘 지키면' '올바른(right)'과 관련한 수없이 다른 말을 집어넣

부의 신, 플루토스(『판화로 그린 신화』, 1821, 나폴리 국립도서관 소장)

을 수 있습니다. 가정은 다르지만, 결과는 항상 '인생 헛 살았어!' '넌 세상 물정을 몰라도 너무 몰라!'로 귀결됩니다.

왜 이런 결과가 나올까요?
부의 신이 장님이기 때문입니다.

아리스토파네스는 부의 신 플루토스가 장님이기 때문에, 그가 착한 사람과 나쁜 사람을 구분하지 못하기 때문이라고 지적합니다. 크레밀로스라는 아테네의 늙은 농부가 있었습니다. 그는 가난했지만 정직했으며 신을 공경했습니다. 그는 신전 절도범, 정치가, 밀고자들이 부자로 산다는 사실에 억울했습니다. 그는 자식을 어떻게 교육해야 할지 고민에 빠졌습니다.

착하게 사는 것의 결과가 가난뱅이인 반면
악하게 사는 것이 부자라면,
자식을 어떻게 교육해야 할 것인가?

크레밀로스는 세상에 분노합니다. 크레밀로스는 길을 가다 부의 신을 잡았습니다. "너 나한테 솔직히 이야기 좀 해줘라. 내가 자식을 어떻게 교육했으면 좋겠냐"고 부의 신에게 묻습니다. 잡고 보았더니 부의 신은 장님입니다.

부의 신이 앞을 보지 못한다는 것은 아주 우화적이고 풍자적입니다. 부의 신은 장님이기 때문에 착한 사람과 나쁜 사람을 가리지 않습니다. 착한 사람에게 복을 줄 수도 있지만, 악한 사람에게도 돈을 나눠줄 수 있는 게 부의 신입니다.

부의 신이 앞을 보지 못한다는 것은
상당히 이데올로기적입니다.

'악한 짓을 해서 부자가 되었다.' 이는 악한 짓이 잘못이 아니라는 점을 보여줍니다. 부의 신이 부를 잘못 나누어준 것이 문제이지 잘못된 것은 아니라는 식입니다. 인간의 잘못을 신의 잘못으로 돌리고 나면, 현실의 악한 인간은 면죄부를 받기 마련입니다.

　부의 신이 앞을 보지 못한다는 것은
　혹세무민 종교의 시작입니다.

　살아가면서 착하게 사는 것이 옳은지 그른지의 문제는 대단히 중요한 질문입니다. '착하게 살면 복 받는다.' 이것은 현실에서 성립하지 않습니다. 착한 사람은 사기당하기 딱 좋습니다. 착한 사람은 바보 취급당하고, 이용당하기 딱 좋습니다.

　그런데 인간은 왜 착하게 살아야 할까요?
　'착하게 살면 죽어서 복 받는다' 때문입니다.

　종교는 올바름의 현실적 실패에 대한 보상으로 사후 보상을 들먹입니다. 종교는 선한 삶의 방패 역할을 합니다. 살아서 착한 일을 하면 죽어서 복 받는다고 종교는 강변합니다. 지옥과 극락, 지옥과 천당을 만들어 "너 살아서 악한 짓 많이 했지, 너

죽어서 지옥 갈 거야"라고 위협하고 "너 착한 일 많이 하고 살았구나, 극락으로 가려무나"라고 발림말을 합니다. 평범한 시민, 가난한 시민은 종교의 그 말에 한마디로 발립니다.

종교는 현실의 살아 있는 부자와 권력자에게 사탕발림을 합니다. '돈 많이 내면 면죄받을 수 있다.' '시주 많이 하면 극락에 갈 수 있다.' 결국 돈은 지옥행 열차를 천국행 열차로 바꿀 수 있습니다. 1년 동안 목숨이 끊어졌다가 살아난 분이 있습니까? 1년 동안 죽었다가 다시 살아난 사람을 만난 적 있습니까? 없습니다.

인간의 삶은 유한합니다.

인간은 죽는 것이 두려워 천국과 지옥을 만들어내고, 현실 삶의 고단함, 팍팍함, 어려움을 이겨내려고 부의 신을 장님으로 만들었습니다. 인간은 현실의 지독한 고통을 사후 환상의 행복으로 대치합니다.

도대체 행운이라는 무엇일까요?

살아가는 데 행복이 부라고 한다면, 나에게 부의 기회가 왔을 때 어떻게 할 것인가? 이 질문은 요즘 초등 저학년부터 죽을 때까지 합니다.

착하게 사는 것이
한 개인의 인생에서 좋을까요, 나쁠까요?

좋은지 모르겠습니다. 저는 자식들한테 착하게 살라는 말을 절대 안 합니다. 또 절대 거짓말하지 말라고도 하지 않습니다. 저의 딸들이 저보고 위선적이라고 생각할까 봐 그렇습니다.

한 개인이 착하게 살 수 있습니다. 하지만 신문이나 텔레비전 뉴스 등을 보시면 부자, 권력자, 돈을 가진 사람들은 착하게 살지 않습니다. 국가 단위의 국제 질서로 나가면 더 합니다. 세계 정의와 질서의 수호자라는 미국이나 대안 정의의 모색자

이자 빈국들의 수호자를 자처하는 중국은 깡패 국가들입니다. 수호자를 표방하는 힘이 센 국가는 착하게 살아가지 않습니다.

개인 세계이건, 국가 세계이건
놀라울 정도로 냉정하게 힘의 관계가 지배합니다.

아이들도 이런 사실을 알 만큼 다 압니다. 스마트폰, 텔레비전 뉴스, 신문 등을 통해 매일 새로운 사실을 접합니다. 아이들에게 착하게 살라고 말하는 것이 득이 될지 안 될지 모르겠습니다. 크레뮐로스가 부딪쳤던 문제에 저도 부딪칩니다. 신을 포박 지을 힘이 없는 저는 부의 신을 잡을 엄두도 내지 않습니다. 대신 저는 '착하게 살라'는 말을 절대 하지 않습니다. 스스로 판단하게 합니다.

딱 잘라 말할 수 없는 부분이 매우 많습니다. 국가가 법으로 개입해서 우리를 범법자로 만듭니다. 법으로 정해서 불법과 합법으로 나눕니다.

선과 악의 문제에서도 마찬가지입니다.

마키아벨리를 극단화했을 때,
결국 윤리와 도덕의 문제에 부딪칩니다.

선이나, 악이 절대적인가, 상대적인가. 굉장히 복잡한 문제입니다. 부나 행운 앞에서 우리 인간은 끊임없이 고민합니다. 착하게 살라고 우리는 끊임없이 추궁당합니다.

한 나라의 대통령이나 군주라면, 자기 손에 직접 피를 묻히지 않아도 매일 피를 묻히며 살아간다고 봐야 합니다. 그것을 선악으로 규정할 수 있을지 없을지, 이 문제를 해결한 사람이 바로 한나 아렌트입니다.

아렌트는 『예루살렘의 아이히만』을 쓰면서
'악의 평범성' 개념을 도출합니다.

나치 전범인 아이히만이 '아, 나는 위에서 시키는 대로 했어'라고 합니다. 시키는 대로 했는데 내가 뭘 잘못했냐고 세상에 되물어봅니다.

지난 정권에서 화이트리스트와 블랙리스트를 만들어 시민을 탄압했던 자들도 이렇게 항변합니다. '먹고살기 위해서 시키는 대로 했을 뿐이야!' 아렌트는 이런 태도를 악의 평범성이라고 단정 짓습니다. 하나의 시스템이 체계적으로 악을 생산했을 때, 이 악에 먹고살기 위해 순응하는 것은 절대악이 될 수도 있습니다.

명령이 내려왔다는 이유로 수없이 많은 유대인이나 집시를 아무런 양심의 가책도 없이 죽게 한 것은 절대악입니다. 아이히만에 대한 아렌트의 지적은 우리에게도 적용될 수 있습니다.

절대악을 저지르는 인간은 그리 많지 않습니다.

그렇기 때문에 대다수 인간은 절대선과 절대악을 묻지 않고 어디까지가 악이고 어디까지 선인지를 질문합니다. 또한 선한 자는 복을 받고 악한 자는 벌을 받는지 질문을 던집니다.

한 나라를 통치하는 군주에게도 이런 질문이 던져집니다. 군주란 어떤 존재인가? 군주에게 행운이 올 수도 있고 불운이 올 수도 있습니다. 군주 자신의 행동과 처신과 무관하게 행운도 불운도 찾아옵니다. 이럴 때 어떻게 해야 되는가 질문을 던져야 한다고 마키아벨리는 말합니다.

마키아벨리가 살던 시대와 달리,
지금은 모든 사람이 군주입니다.

자신의 인생을 자기 스스로 결정할 수 있는 권리를 가졌을 뿐만 아니라, 그 권리에 대한 책임도 지기 때문입니다. 내 자신한테 불운도 오고 행운도 온다고 했을 때 나는 어떻게 할 것인가?

행운의 여신

티케

그리고

플루토스

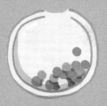

로마에는 행운의 여신 포르투나가 있습니다.
그리스에는 행운의 여신 티케가 있습니다.

그리스에서 티케는 로마의 포루투나처럼 행운의 여신에 해당합니다. 티케 옆에 있는 어린아이는 부의 신 플루토스입니다. 행운의 여신 티케도 플루토스도 눈을 감고 있는 것에 주의를 기울여주시기 바랍니다. 서양에서 부와 관련된 신은 앞을 못 보는 장님이거나 눈을 감고 있습니다. 많은 국가에서 부의 신은 앞을 못 보는 경우가 많습니다.

착하게 살아도 부자가 될 수 없는 인간의 삶에 대한 자조적 위안이 부의 신을 장님으로 만듭니다.

부의 신이 앞을 볼 수 있다면, 악하고 나쁜 사람에게 부를 나눠주어서는 안 됩니다. 하지만 현실을 돌아보십시오. 악한이 부자로 살 때가 많습니다. 아니 악한만이 부자로 사는 것처럼 보입니다. 선한 삶을 현실이 배신할 때, 인간은 부의 신을 장님으

티케와 아기 플루토스(2세기 경, 이스탄불 고고학 박물관 소장)

로 만들고 위안을 삼습니다.

　행운의 뒷면은 기회입니다.

　기회를 잘 잡은 자에게는 행운이 오지만, 기회를
놓치는 자에게는 불운이 찾아옵니다. 그리스에는
행운의 여신과 부의 신 플루투스 이외에도 기회의
신 카이로스가 있습니다. 행운과 부, 행운과 권력
은 항상 같이합니다. 이는 부와 권력을 얻는 데, 행
운이 따르지 않으면 안 된다는 것을 뜻하고, 그 행
운은 기회라는 말로 표현됩니다.

　기회는 대단히 중요한 문제입니다.

　행운의 여신은 어떤 존재인가라고 했을 때 복을
주기도 하고 불운을 주기도 합니다. 인간에게는 이
것이 기회로 다가옵니다. 기회를 신으로 표현한 것
이 바로 카이로스입니다.

카이로스를 그린 작품,
〈Time as occasion〉
(프란체스코 살비아티,
1543~1545, 피렌체 베
키오 궁 박물관 소장)

기회를 놓치면 성공하기 쉽지 않습니다.

카이로스의 형상을 보십시오. 양 어깨와 아킬레스건 부근에는 날개가 달려 있고, 앞에는 머리카락이 많지만 뒤에는 없습니다. 그리고 저울을 갖고 있습니다.

메시지는 대단히 분명합니다. 기회가 왔을 때 앞머리를 잡아야 합니다. 저울질하다 지나간 뒤에는 기회를 잡을 수 없습니다. 뒤통수에 머리카락이 없기 때문에, 날개가 네 개나 달려 있기 때문에, 훌쩍 날아가버리기 때문입니다.

한 번 놓친 기회는 잡을 수 없습니다. 지나간 시간은 돌아오지 않습니다. 한 번 온 기회를 잡지 못한 사람은 살아가면서 성공하기 어렵습니다. 기회가 올 때 꼭 잡아야 합니다. 한 번 온 기회는 절대 놓치지 마시길 바랍니다.

시간에는 크로노스적 시간과 카이로스적 시간, 두 종류가 있습니다.

크로노스적 시간은 물리적 시간을 말합니다.

태초에 하늘의 신 우라노스가 있었습니다. 그의 아들 중 하나가 시간의 신 크로노스입니다. 크로노스는 아버지 우라노스를 죽입니다. 시간의 신이 하늘의 신을 죽였다는 것은 상징입니다.

크로노스에 의한 우라노스 살해는 인간이 하늘의 시간에 개입할 수 있음을 상징적으로 보여줍니다. 크로노스는 모래시계와 낫을 갖고 있습니다. 인간이 낫으로 농사도 짓고, 모래시계로 하늘 시간의 질서를 알 수 있게 되었습니다.

모래시계는 뒤집어놓으면 한 치도 어긋나지 않게 시간이 흘러갑니다. 우주의 시간이 고장 나지 않는 한 물리적 시간은 조금도 어긋남 없이 기계적으로 움직입니다. 이 점에서 크로노스는 낮을 갖고 있는 농사의 신이기도 합니다. 풍요의 신도 됩니다. 인간은 물리적 시간을 나누어, 농사도 지어 풍요롭게 살 수 있게 되었습니다.

카이로스는 정서적 시간의 신입니다.

카이로스는 위에서 본 기회의 신입니다. 카이로스는 포르투나 여신처럼 표현되기도 합니다. 다만 포르투나 신이 공 위에 올라가 있다는 점에서 차이가 있습니다.

가령 두 학생이 똑같이 8시간 동안 공부합니다. 어떤 아이는 8시간 공부했는데 성적이 70점밖에 안 나오고, 다른 아이는 100점을 맞습니다.

왜 다른 점수가 나올까요?

여러 이유 중 하나는 물리적 시간으로 동일하게

딸들인 사계절과 함께 있는 시간의 신, 크로노스(에드워드 비스, 1913)

공 위에 있는 여신 포르투나
[한스 홀바인(동생), 1531년
또는 이전, 쿤스트 박물관]

공부했지만, 정서적(카이로스적) 시간의 차이 때문에 생긴 현상입니다. 물리적 시간은 같아도 정서적 시간은 다를 수 있습니다. 앉아서 그냥 멍 때리고 8시간 책상 앞에만 앉아 있는 학생과 상당히 집중하는 학생의 성적은 차이가 날 수 밖에 없습니다.

인생사는 사실 이런 정서적 시간의 신이
엄청 많이 작동합니다.

강의만 하고 듣기만 한다면 강사와 청강자의 관계로 끝이 납니다. 하지만 강의가 끝나고 날씨가 덥다는 핑계로 시원한 맥주라도 한 잔 마시면 어떤 결과가 나올까요? 상당히 친해집니다. 강의자와 청강자의 관계를 떠나 상당히 친해질 수 있습니다. 종강한 뒤에 또 만나 맥주를 마실 수도 있습니다. 물리적으로는 8시간을 강의하고 듣는 것보다 두어 시간 정도 술 한 잔 마시는 것이 사람과 사람의 관계를 훨씬 더 긴밀하게 만들어줍니다.

더 친해지고 싶으시면 같이 산에 가면 됩니다. 땀 한번 바짝 흘린 뒤 맥주를 한 잔 마시고 나면 그 다음부터는 정말 친해집니다.

이렇듯 시간은 절대적이지 않습니다.
시간은 상대적입니다.

이것은 물리학의 법칙으로도 증명되었습니다. 공을 넣고 천천히 걸어가는 사람이 갖고 있는 공의 진자운동과 그 가방을 들고 뛰는 사람의 진자운동은 무척 다릅니다. 들고 뛰는 가방 안에 있는 공의 진자운동량이 훨씬 더 많습니다. 진자운동이 활발해졌다는 것은 접촉면이 늘어난다는 뜻입니다. 접촉면이 늘어난다는 것은 정서적 접촉이 훨씬 더 많이 일어났다는 뜻입니다.

포르투나는 기회입니다.

다시 포르투나로 돌아와서 생각해보시기 바랍

니다. 행운이 기회로 다가올 때 그 기회를 잡을 수 있는지가 매우 중요한 문제입니다. 행운이 다가온 다는 것은 기회가 왔다는 소리입니다. 행운을 피해 가는 것도 기회이고 잡는 것도 기회입니다.

행운의 여신이 다가올 때
우리는 어떻게 받아들여야 하는가?

행운의 여신이 다가오는 것을 조종할 수는 없지만, 기회로 다가왔을 때는 달라집니다. 기회를 잡을 수 있는 사람과 잡지 못한 사람은 전혀 다릅니다.

로또에 당첨된 사람을 생각해보시기 바랍니다. 우리나라 로또 1등의 평균 당첨금을 약 20억으로 가정하면, 당첨 확률은 약 814만분의 1이라고 합니다. 전 지구인을 기준으로 벼락 맞을 확률이 약 60만분의 1이라고 하니 하늘의 벼락을 맞는 일보다 돈벼락 맞는 일은 확률적으로 무척 어렵습니다.

그 어려운 돈벼락을 맞고 난 다음이 중요합니다.

약 20억의 당첨금을 허투루 쓰지 않는 방법은 딱 한 가지입니다. 로또 당첨 후 행복해지는 방법은 딱 한 가지입니다. 당첨되기 전 20억이 내 손안에 있다고 가정하고 20억 사용 시뮬레이션을 계속 돌려보는 것입니다.

돈을 어떻게 쓸 것인지 A안, B안, C안, D안 등을 만들어 나에게 가장 잘 맞는 최종안을 그대로 실행하면 크게 망할 일이 없습니다. 시뮬레이션을 돌리는 동안 돈에 대한 자기의 역량, 비르투나가 키워지기 때문입니다.

그런 역량을 키우지 못한 사람은 어떻게 될까요?

하늘벼락보다 더 어려운 돈벼락을 맞고도 활용하지 못할 때가 많습니다. 주변에서 돈을 많이 벌었다가 쫄딱 망하신 분들을 보셨을 겁니다.

인생의 길흉화복은 정말 어찌할 수 없지만,

어느 정도 통제는 가능합니다. 통제가 가능하다는 것은 리스크 관리를 잘한다는 뜻입니다. 리스크 대처법을 철저하게 익히면 됩니다. 리스크를 잘 관리하면 별 문제가 생기지 않습니다.

로빈슨 크루소는 자본주의 인간의 전형입니다.

우리는 어렸을 때 『로빈슨 크루소』를 읽거나 만화 영화로 보면서 자랐습니다. 『로빈슨 크루소』를 단순히 무인도 여행기라고 생각하면, 그 책은 동화에 지나지 않습니다. 그것을 다른 각도에서 읽어보면 자본주의 시대를 살아가는 가장 전형적인 합리적 인간으로 읽혀집니다. 로빈슨 크루소처럼 살면 부자가 됩니다.

로빈슨 크루소는 밀을 몇 개 줍습니다. 난파당한 뒤 무척 배가 고플 때, 우리 같은 사람들은 밀을 발견하면 우적우적 씹어 먹어버릴 것입니다. 로빈슨 크루소는 안 먹고 자기가 빵을 만들어 먹어도 남을 때까지 키우고 또 키웁니다.

로빈슨 크루소는 처음에는
총으로 염소를 잡아서 먹습니다.

나중에 총알이 없어지면 죽을 위험에 닥칠지 모른다고 생각한 그는 염소를 잡아서 키웁니다.

우리는 돈을 어떻게 버는지 잘 압니다. 쌈짓돈을 모아 종잣돈으로 만들고, 종잣돈을 투기가 아닌 투자를 하면, 다시 말해 돈이 돈을 새끼 치게 만들면 됩니다. 밀을 키워 빵을 만들어서 아무리 먹어도 부족하지 않게 만드는 로빈슨 크루소, 염소를 키워 평생 잡아먹어도 부족하지 않게 만드는 로빈슨 크루소는 자본주의에 최적화된 인간의 전형입니다.

망하는 자와
성공하는 자

로빈슨 크루소는 대단히 리스크를 잘 관리합니다.

　로빈슨 크루소는 총으로 동물을 사냥해 잡아먹다가 불현듯 불안해집니다. 화약이 떨어지면 죽음의 위협에 처할 수 있다고 생각합니다. 로빈슨 크루소는 비가 크게 내리면 화약이 젖을 수도 있고, 식인종이나 해적이 섬에 상륙하면 죽임을 당할지 모른다는 공포에 두려워합니다.

　로빈슨 크루소는 화약을 최대한 잘게 나누어 구석구석에 분산합니다. 리스크의 분산입니다. 리스크의 분산은 보험의 원리와 같습니다. 가령 2만 원씩 화재 보험금을 내는 분들이 있습니다. 2만 원 그리 크지 않습니다. 게다가 10년 뒤에는 원금에 못 미치지만 일부 돌려받기도 합니다. 이 상태로 보면 보험금을 내는 것은 손해일 수 있습니다. 하지만 불이 나면 상황은 달라집니다. 화재보험을 든 집과 안 들은 집은 화재 이후 완전히 다른 삶을 살게 됩니다. 이것이 보험의 일반적 원리입니다.

『로빈슨 크루소』의 작가 다니엘 디포는 보험에 관한 글을 쓰기도 했습니다. 소설 속 리스크 분산은 철저한 연구와 경험의 산물입니다.

위험이 닥치기 전,
위험을 관리할 줄 알아야 합니다.
불운이 닥쳐왔을 때
대처할 수 있는 역량을 키워야 합니다.
행운의 여신이 불운으로 닥쳐올 때
대처하는 유일한 방법은 리스크 관리입니다.

리스크 관리는
마치 홍수에 대한 대비와도 같습니다.

마키아벨리는 리스크 관리를 군주에 적용해 이야기하면서 홍수에 비유합니다. 어마어마한 홍수가 오면 어떻게 할 것인가? 준비가 잘된 사람은 그 홍수를 피할 방법을 압니다. 미리 제방을 쌓아서 홍수에 대비합니다.

매번 엄청난 홍수를 겪는 국가는 그 준비가 다릅니다. 엄청나게 쏟아지는 비를 자주 경험한 국가는 미리 철저하게 준비해서 인명 손실과 재산 손실을 크게 줄입니다. 큰 홍수에 대비하지 못한 국가는 조금만 비가 내려도 엄청난 산사태로 인명 피해와 재산 피해를 입게 마련입니다.

포르투나는 분노 또는 기회로 다가옵니다.

마키아벨리는 포르투나가 분노와 기회로 다가오면 어떻게 행동할지에 대한 문제를 이야기합니다. 포르투나가 분노로 다가오면 불운입니다. 이는 홍수와 같습니다. 분노에 잘 대처하면 포르투나를 이겨낼 수 있습니다.

분노로 다가온 불운에 잘 대처하려면
무엇이 필요할까요?

재계의 순위를 살펴보시기 바랍니다. 1960년대

국내 10대 그룹의 변화(총자산 기준)

순위	1964	1974	1985	1995	2004	2018
1	삼성	락희	삼성	현대	삼성	삼성
2	삼호	삼성	현대	삼성	현대차	현대차
3	삼양	현대	럭키금성	대우	LG	SK
4	개풍	한국화약	대우	LG	SK	LG
5	동아	동국	선경	선경	롯데	롯데
6	락희	대한	쌍용	쌍용	KT	포스코
7	대한	효성	한국화약	한진	포스코	GS
8	동양	신동아	한진	기아	한진	한화
9	화신	선경	효성	한화	GS	농협
10	한국유리	한일합섬	대림	롯데	한화	현대중공업

(자료: 공정거래위원회, 대규모 기업집단 지정)

에 10대 그룹과 2000년대 10대 그룹을 살펴보시기 바랍니다. 1960년대 10대 기업 중에 지금까지 남아 있는 기업이 많지 않습니다. 100대 그룹으로 확장해도 마찬가지입니다.

   끊임없이 격변하는 세상에서 살아남으려면 항상 충분히 준비해야 합니다. 삼성이 승승장구해서 계속 갈 것인가? 알 수 없습니다. 준비하면 적어도 가능성은 높아집니다. 현대차도 마찬가지입니다. 전기차, 수소차를 비롯해 새로운 기술을 못 따라잡으면, 아니 선도하지 못하면 생존한다는 보장이 없습니다. 그래서 비르투나가 필요합니다.

  포르투나의 분노, 불운에 대해 어떻게 대처할 것인가? 제방을 쌓으면 됩니다.

  포르투나의 행운, 기회를 어떻게 잡을 것인가? 시대정신을 간파하는 것이 중요합니다.

어느 날 갑자기 부자가 된 사람이 있습니다. 재산이 100억, 1,000억을 넘어갔습니다. 그런데 10년이 지나지 않아서 빚이 2,000억이 되었습니다. 이런 인생의 롤러코스터가 믿어지지 않을 것입니다. 아파트를 짓기 위해 땅을 샀는데, 대출 이자가 하루 4,000만 원이었습니다. 한 달이면 12억이고, 1년이면 144억입니다. 10년 복리 이자에 회사 운영비가 합쳐지면 금방 2,000억이 됩니다. 인생의 대박과 쪽박을 동시에 경험한 경우입니다.

사업에 실패한 가장 큰 이유가 무엇일까요? 우리나라 부동산은 콩나물 값보다 변동이 심합니다. 정부가 어떤 정책을 취하느냐에 따라 값이 결정됩니다. 부동산 최전성기에 땅을 사서 부동산 최침체기를 겪었다면 이런 결과가 나옵니다. 정권의 정책적 흐름, 시대의 흐름을 간파하지 못했기 때문에 생긴 일입니다.

마키아벨리라면 이런 경우를 두고 이렇게 말할

것입니다. 한 번 그 사업으로 성공한 사람은 그 사업을 떠나서 다른 생각을 하지 못합니다. 그 행운이 계속될 줄 알기 때문입니다. 행운 뒤에는 불운이 올 수 있기 때문에 대처할 줄 아는 지혜가 필요합니다.

고깃집 체인점을 100여 개나 낸 사람이 있습니다. 한 달에 돼지고기 450톤, 소고기 150톤을 판매할 정도로 잘되었습니다. 엄청나게 부자가 되었습니다. 하지만 망하는 데 채 3년이 걸리지 않았습니다.

고깃집을 하는 데도
시대정신이나 시대 흐름이 중요합니다.

대통령 선거와 그 고깃집 체인점의 상관관계를 유심히 분석해보세요. 김대중, 노무현 대통령 때 고깃집의 특징이 뭐였을까요? 대패삼겹살과 숯불갈비로 대표되는 저가입니다. 그때 시대정신은 더불어 같이 살기, 값싼 가격, 저가였습니다.

이명박, 박근혜 대통령 때 고깃집의 특징은 새마을 식당류의 향수입니다. 그때 시대정신은 과거의 소환, 향수입니다.

김대중, 노무현의 시대가 오기 바로 직전 저가 고깃집을 준비했던 사람은 10년 동안 큰 돈을 벌 수 있습니다. 이명박, 박근혜의 시대가 오기 전, 향수를 불러일으키는 콘셉트로 고깃집을 연 사람은 10년 동안 대박을 칠 수 있습니다.

문제는 시대가 바뀌는데 이를 준비하고 못한다면, 망한다는 사실입니다. 시대의 흐름을 따라 잡지 못하면 망합니다.

문재인 대통령 시대의 고깃집 콘셉트는 무엇일까요?
문재인 대통령 시대의 시대정신은 무엇일까요?

유흥가 고깃집을 유심히 살펴보시면, 900이

란 상품을 보게 됩니다. 1900, 2900, 3900, 4900, 5900, 8900 등입니다. 이 시대정신을 문재인 정부에 대한 기대라고 한다면 촛불혁명의 완성을 위해 '한발 더' 나아가자입니다. 이 시대정신을 문재인 정부에 대한 비판이라고 한다면, 미완의 촛불혁명 '한발 덜'입니다. 다시 말하면 문재인 정부가 촛불혁명에 가담한 시민의 기대를 충족시켜주지 못한다입니다. 기대와 비판 중 어디일지 너무 궁금합니다. 확실한 것은 900시리즈라는 점은 부정 못한다는 사실입니다.

인생을 살아가는 데 행운의 여신,
기회는 반드시 다가옵니다.

고깃집에서 열심히 불판 닦고, 불 피우고, 음식 나르는 일을 할 수 있습니다. 그럴 때 시대의 흐름, 시대의 전환점이 옵니다. 항상 주의를 기울이다가 소비자들이 무엇을 원하는지 파악해야 합니다. 그것을 정확하게 찾아낸 사람은 대박을 낼 수 있습니다.

시대의 변화가 빠를수록,
기회도 많아지고 실패도 잦아집니다.

그런 행운을 잡은 사람이 있습니다. 특유의 활발한 활동력으로 체인점을 열었고, 확장했고, 대박을 냅니다. 컴퓨터, 인터넷, 스마트폰, 에이아이 등이 등장한 후 세계적으로 어마무시한 기업이 나타났습니다. 전부 시대정신과 시대 흐름을 정확하게 파악했기 때문입니다.

행운의 여신은 누구에게나 분명 기회로 다가옵니다.

기회로 다가오지만, 그 기회에 역행하지 않고 잡을 수 있는 사람은 그리 많지 않습니다. 부자는 그냥 만들어지지 않습니다. 물론 부자들에게는 역경의 신화가 있습니다. 정말 열심히 노력했고 아끼고 절약했다고 말합니다.

그런데 하루하루 먹고살기 위해 그 정도 근면 성

실하지 않은 사람은 없습니다. 그 정도는 다 노력하고 절약하고, 그 정도 노동은 누구나 다합니다. 더 열심히 노력했지만 가난한 사람들도 많습니다. 부자들은 자기가 부자가 되기 위해서 근면 성실했다는 식으로 말하면 안 됩니다. 노력이야 했겠지만, 시대에 잘 편승했다고 봐야 합니다.

시대에 어떻게 잘 편승해야 하는가?

고깃집에서 일하는 사람들은 몇 년간 밑바닥에서 굴러봤을 것입니다. 불 피우기, 불판 닦기, 손님 서비스 하기, 주방 설거지하기 등 다 해볼 것입니다. 하지만 차이가 있습니다. 어떤 사람은 평생 서빙만 하고 사는가 하면, 어떤 사람은 운명의 역경을 이겨내고 창업을 하기도 합니다. 평생 봉급쟁이로 일하는 분은 안정적으로 삽니다. 하지만 큰 돈을 벌지는 못합니다. 도전하는 분만이 큰 돈을 벌수도 있고 망할 수도 있습니다.

이것은 선택입니다. 선택은 누구에게나 주어지지만, 선택권을 행사하는 삶은 그리 많지 않습니다.

새로운 도전을 한 사람이 시대에 잘 편승하면 대박이 납니다. 혼밥, 혼술 시대, 음식에 대한 갈망의 시대에 맛의 보편화 시도로 엄청난 부와 명예를 얻는 분들도 있습니다.

행운보다

더

중요한 것

시대가 인물을 만듭니다.

이것은 대단히 평범한 진리입니다. 대통령은 하늘이 낸다고 합니다. 20~30억, 50~60억 부자는 개인의 노력으로도 가능합니다. 더 큰 큰 부자는 그냥 만들어지지 않습니다. 권력도 부도 행운이 따라야 합니다.

행운보다 더 중요한 것이 있습니다. 하늘이 만든 부자가 아무런 노력을 안 했을까요? 아무런 노력을 안 하고도 대통령이 되었을까요?

행운보다 더 중요한 것은 행운에 대한 대처를 얼마나 잘하는가입니다.

다시 말해 스스로 역량을 키운 사람이 다가오는 행운을 차지할 수 있습니다. 행운에 대처하지 못한 사람은 행운의 주인이 될 수 없습니다. 행운이 다가와도 행운인 줄 모르는 사람이 대다수입니다.

자신의 역량과 능력으로
군주의 지위에 오른 자들이 있습니다.

마키아벨리는 6장에서 순수하게 자신의 역량과 능력으로 군주가 된 자들을 다룹니다. 모세, 키루스, 로물루스, 테세우스 같은 건국자들입니다. 모세, 키루스, 로물루스, 테세우스는 모두 성공한 정치인입니다. 이들은 공통점이 있습니다. 다 부모가 버리거나 쫓아낸 자들입니다. 이들은 부모에게 버림을 받고 대부분 동물이나 동물과 버금가는 하층민에 의해 양육을 받습니다.

이들은 편안한 집을 떠나
인간으로서 견디기 힘든 온갖 역경을 겪습니다.

마지막으로 이들은 상당히 공고한 기존 정치질서를 뒤흔들고 오랜 고생 끝에 새로운 국가를 건국합니다. 이들은 전부 역경에 처했지만, 자신의 능력과 군대로 성공한 예입니다.

모세는 성공한 정치인입니다.

마키아벨리는 대단히 혁명적으로 사유했습니다. 마키아벨리는 모세를 종교인으로 보지 않고 아주 성공한 정치인으로 이해합니다. 왜냐하면 실질적인 사제 역할은 모세의 형인 아론이 했고, 모세는 정치의 중심이었기 때문입니다. 마키아벨리는 중세의 종교적 사유와 단절하며, 모세를 성공한 정치인의 사례로 능수능란하게 끌어들입니다.

다 아시는 것처럼 모세는 새로운 신탁을 받으러 산에 올라갑니다. 이 틈을 탄 구지배층이 주도해 다시 황금 송아지를 만들어서 숭배합니다. 모세는 3,000명의 결사대를 조직해 황금 송아지를 숭배한 구지배층을 죽입니다. 모세는 자신의 힘으로 무장한 군대로 구지배층을 과감하게 제거합니다.

로마의 건국자 로물루스도 마찬가지입니다.

로물루스는 작은할아버지를 죽이고 친할아버지

어미 늑대의 젖을 먹는 로물루스와 레물로스(로마의 카피톨리노 박물관에 있는 암늑대상을 선으로 묘사함, 작자 미상, 1894)

에게 나라를 되찾아줍니다. 그는 동생 레물로스를
죽이고 로마를 건국합니다.

아테네의 건국자 테세우스도 마찬가지입니다. 키루
스 역시 온갖 역경을 겪고 페르시아를 건국합니다.

키루스는 헤로도토스의 『역사』를 보면 매우 재
미있는 인물로 묘사됩니다. 자주 소개되지 않는 인
물이라 말씀드리겠습니다. 키루스의 어머니 만다
네는 메디아 왕의 딸입니다. 그 당시 메디아는 지
금의 중동에서 절대 강자였고, 페르시아는 메디아
의 식민지로 아주 작은 국가에 지나지 않았습니다.

메디아의 왕 아스튀아게스는 꿈을 꿉니다. 꿈에
서 그의 딸 만다네가 오줌을 싸는데 나라를 집어
삼킵니다.

해몽가는 만다네가 아들을 낳으면, 그 아들이 왕
국을 차지한다고 말해주었습니다. 불안해 하던 아

아스튀아게스 왕의 꿈(작자 미상, 1450경)

스튀아게스는 만다네를 메디아의 식민지인 페르시아의 보잘것없는 캄뷔세스와 결혼하게 합니다.

아스튀아게스 왕은 또 꿈을 꿉니다. 이번에는 만다네의 몸에서 자란 포도덩쿨이 메디아 전체를 덮어버렸습니다. 해몽가는 역시 만다네의 아들이 메디아를 차지할 것이라고 예언합니다. 왕은 겁이 나서 만다네가 낳은 아들을 죽여버리라고 합니다. 명령을 받은 자는 키루스가 너무 가엾어 죽이지 못합니다. 그리고 먼 곳에 버리다시피 하는데, 가난한 부부가 이 아이를 키웁니다. 이 부인의 이름은 우리 식으로 말하면 '늑대'라고 합니다.

'늑대'라는 말은 다 아시는 것처럼
로물루스를 키운 늑대와 같은 뜻입니다.

이때 늑대는 동물 늑대가 아니라 그처럼 신분이 하찮은 자라는 뜻입니다.

그 후 키루스는 잘 자랐습니다. 키루스는 메디아

에 비하면 촌구석인 페르시아에서 "나는 분명히 여러분을 자유민으로 만드는 과업을 맡도록 신의 섭리에 의해 태어났소"라고 말하며, 페르시아인을 규합했습니다. 그리고 메디아의 왕인 아스튀아게스의 꿈이 맞아떨어졌습니다. 키루스는 메디아를 정복했고, 대페르시아 제국을 건설합니다. 아시아의 페르시아 제국은 페르시아 전쟁에서 패배하기 전까지 유럽의 국가들에게 무서운 사자나 다름없었습니다. 키루스가 세운 제국 앞에 아시아와 유럽의 국가들은 벌벌 떨었습니다.

모세, 키루스, 로물루스, 테세우스의 가장 큰 공통점은 하나같이 자기의 군대와 역량으로 성공했다는 점입니다.

모세, 키루스, 로물루스, 테세우스에게 필요한 것은 많은 돈도, 돈 많은 부모도, 권력이 있는 후원자도 아니었습니다. 그들에게 필요했던 것은 오로지 역경이었습니다.

모세에게 필요한 것은 억압받는 유대인이었습니다.

이스라엘 백성이 이집트에 살면서 노예 취급을 받으며 핍박받고, 예속 상태에 있는 것이 모세에게 필요했습니다.

로물루스에게 필요한 것은 태어나자마자 부모에게 버림받는 것이었습니다.

키루스에게 필요한 것은 페르시아가 메디아의 지배에 넌더리가 난 것이었고, 메디아가 관대해지고 나약해진 것이었습니다.

테세우스에게 필요한 것은 아테네인들이 분열되어 있는 것이었습니다.

테세우스는 일곱 괴물을 죽인 것으로 유명합니다. 그 일곱 괴물은 우리식으로 이야기하면 지방의 호족으로서, 아테네가 분열되었음을 상징합니다.

테세우스가 일곱 괴물을 죽였다는 것은 그 당시 아테네 각지에서 맹위를 떨친 지역 수장을 죽였다는 뜻입니다. 테세우스는 7명의 지역 수장을 죽이고 아테네를 하나의 민주주의 국가로 만듭니다.

모세, 로물루스, 테세우스, 키루스의 성공에 필요한 것은 역경이었습니다. 한 인물이 성공하려면 개인적 역경도 중요하고, 자신이 속한 집단의 역경도 중요합니다. 역경에 처해보지 않은 사람은 자신이 속한 집단의 역경을 이겨낼 역량이 없습니다. 개인이 처한 역경과 시련은 집단이 처한 역경과 시련을 이겨낼 힘을 제공합니다.

역경에 처했을 때
자기 역량을 발휘하는 것이 중요합니다.

금수저이든 흙수저이든 살아가면서 자기에게 불행을 닥쳤을 때, 신세 한탄만 해서는 절대 불행에서 벗어날 수가 없습니다. 자기가 무엇을 선택하고 만들어갈지 고민하는 것이 중요합니다.

역경과 선택은 철학적 주제입니다.

역경과 선택은 물론 출세학으로 받아들여질 수도 있습니다. 역경과 선택은 처세처럼 느껴지고, 결국 열심히 살라는 것 아니야, 이렇게 받아들일지 모릅니다.

영화 〈매트릭스〉는 역경과 선택을 철학적으로 잘 풀어낸 영화입니다.

이 영화를 보시면 네오는 선택받은 자로 나옵니다. 마치 네오는 예수나 모세처럼 사람들을 구할 운명을 쥐고 태어난 자입니다. 네오는 오라클이라는 신비로운 여성을 만났을 때, '항상 자신이 과연 선택받은 자인지 의심한다'는 것을 밝힙니다.

대통령이 될 운명입니까? 모세는 이스라엘인을 인도할 운명입니까? 로물루스는 제가 로마를 건국한 인물입니까? 영웅으로 삶을 마감한 분들은 아마 이런 질문을 계속 던졌을 것입니다. 네오 역시 자신이 선택받은 자인지 질문을 계속 던졌습니다.

성공할 수 있느냐, 없느냐?

선택받은 자인지 아닌지에 대한 질문은 '편하게' 성공할 수 있느냐 없느냐를 묻는 것과 같습니다. 신비의 여신이지만 너무나 평범한 여인인 오라클이 답합니다. "선택을 받고 안 받고는 중요하지 않다. 중요한 것은 네가 지금 그 일에 대해서 어떻게 책임지려고 준비하느냐?"라고 되묻습니다.

아주 유명한 장면이 있습니다. 네오가 처음 오라클을 만나러 갑니다. 네오 곁에 탁자가 있고 그 위에 꽃이 들어 있는 화병이 있습니다. 오라클은 '꽃병은 신경쓰지마'라고 말합니다. 그 말과 동시에 네오는 돌아서다 꽃병을 떨어뜨립니다.

네오는 '어떻게 알았죠?'라고 묻습니다. 오라클은 '내가 말을 안 했어도 꽃병을 깼을까?'를 정말 궁금해 할 것이라고 말합니다. 오라클은 선택받은 '그'인가 아닌가는 '아무도 말해줄 수 없고 자신이 스스로 안다'고 말합니다.

오라클이 '꽃병은 신경 쓰지마'라고 말하지만 돌아보건 안 돌아보건 네오의 선택입니다. 네오가 선택받은 자인가 아닌가는 네오 자신만 알 수 있습니다.

더 중요한 것은
스스로 선택받은 자라고 믿는 것입니다.

네오에게는 모피어스가 있습니다. 모피어스는 네오가 선택받은 자라고 믿고 자신의 모든 것을 바칩니다. 네오 역시 선택받은 자인지 아닌지를 스스로 결정해야만 하고, 선택하고 나면 선택한 그 길을 나아가야 합니다.

선택된 자인지 아닌지를 내가 선택했으면 그다음에 할 일은 아주 간단합니다. 그 선택에 책임지면 됩니다. 이제부터는 역경만 남습니다. 네오는 이 역할을 충실하게 해냅니다. 이 역경을 이겨내느냐 못 이겨내고 굴복하느냐는 역시 자신에게 달려 있습니다.

선택과 역경을 가장 잘 구현한 것은 무협 영화입니다.

무협 영화는 대체로 흐름이 똑같습니다. 악당에게 아버지나 스승이 죽임을 당합니다. 분노하지만 막상 복수하려니 능력이 부족합니다. 주인공은 자신에게 능력이 있는지 없는지 모릅니다. 사소한 역경, 주로 비웃음이나 조롱과 조소를 당합니다.

역경이 계기가 됩니다. 주인공은 복수를 다짐합니다. 그 복수는 주인공 자신만 할 수 있습니다. 주인공은 자신이 선택된 자라고 스스로 믿어야 합니다. 진짜 역경이 닥칩니다. 엄청난 고통과 고난을 딛고 스스로 자신을 단련해야 합니다.

역경은 역량의 밑돌입니다.

역경이 클수록, 역량은 커집니다. 주인공은 좋은 스승을 만나서 엄청난 훈련으로 역량을 쌓습니다. 애니메이션 〈쿵푸 팬더〉도 그런 내용입니다. 조롱거리와 비웃음거리 먹보였던 팬더는 역량을 열심히 쌓아서 악당을 물리칩니다.

무협 소설과 무협 영화의 흐름은 우리가 잘 아는 신적인 영웅이 걷는 삶의 궤적과 동일합니다.

세상은 계속 변화, 발전합니다. 사람은 타고난 본성을 벗어나기가 매우 어렵습니다. 주식 투자로 돈을 벌었던 사람이 열심히 일해서 돈을 버는 경우는 거의 없습니다. 근면 성실하게 직장 다니면서 저축해 돈을 모았던 사람이 주식 투자로 돈을 버는 경우도 거의 없습니다.

대범한 사람이 소심하게 살기도 힘들고, 소심하게 사는 사람이 대범하게 살기도 힘듭니다. 누구에게나 타고난 본성이 있고 성공했던 사람이 자기 길을 떠나서 살기는 더더욱 어렵습니다. 세상은 끊임없이 변화, 발전합니다. 너무 변화무쌍해서 그 끊임없는 변화에 잘 적응해 살아남는 것은 매우 어렵습니다.

만약 변화무쌍한 흐름에 맞춰서 살아갈 수 있다면 그 사람은 언제든지 성공합니다.

그런데 대단히 어렵습니다. 가령 저는 사람 만나는 것을 정말 싫어합니다. 또 조직 생활도 혐오스러울 정도로 대단히 싫어합니다. 좀 나쁘게 말하면 히키코모리이고 좋게 말하면 오다쿠입니다. 혼자 노는 것을 무척 좋아합니다.

어느 날 갑자기 제가 대통령이 됐다고 생각해보세요. 아니면 이 강의를 듣는 분 중에 한 분이 대통령이 되었다고 가정해보십시오. 아마 일주일도 못 견뎌서 대통령직을 그만둘 것입니다. 대통령이 될 생각도 하지 않았고, 그런 능력도 키우지 않았기 때문입니다.

대통령이 된 사람은 대통령을 하려고 자신의 운명을 선택한 것이고, 그에 맞는 역량과 능력을 쌓은 자입니다.

선택했다 할지라도, 그 능력이 안 되면 폭망합니다.

기업주도 부모 덕에 기업주는 될 수 있습니다. 스스로 선택하지 않아도 기업의 수장이 될 수는 있습니다. 하지만 그에 맞는 능력을 키우지 않았다면, 역시 폭망합니다. 폭망하지 않더라고, 폭망에 버금하는 망신을 자초합니다.

한국에서 20년을 넘기는 기업이 많지 않습니다. 미국도 100, 200년 살아남은 기업들이 그렇게 많지 않습니다. 전문 경영인 체제를 도입해서 끊임없이 변화, 발전했던 기업만 살아남습니다. 선택에 따른 능력의 개발이 그만큼 중요합니다.

비르투나 그림이

없는

이유

마키아벨리는 모세를 정치인으로 묘사합니다.

마키아벨리는 6장에서 모세, 테세우스, 키루스, 로물루스 등을 이야기합니다. 그는 모세를 정치인으로 묘사합니다. 모세는 마치 소설의 복선과 같은 역할을 합니다. 마키아벨리는 6장의 결론 부분에서 무장하지 않은 예언자, 사보나롤라를 이야기합니다.

사보나롤라는 메디치 가문을 몰아내고 최고 권력에 오른 종교인입니다.

그는 프랑스의 샤를 8세와 결탁해 피렌체를 신정국가로 바꿉니다. 신정국가 이념을 바탕으로 르네상스의 위대한 문화들을 불태웠고, 반종교적이라는 이유로 만행을 자행합니다.

사보나롤라는 얼마 지나지 않아 몰락합니다. 여러 이유가 있을 수 있습니다. 마키아벨리는 사보나롤라가 '무장하지 않은 예언자'이기 때문에 망할

지롤라모 사보나롤라의 초상(모레토 다 브레시아, 1524)

수밖에 없다고 주장합니다.

반면 모세는 종교가 아닌 정치에서
왜 성공했을까요?

종교적으로 신의 뒷받침을 받는 것은 그의 형 아론입니다. 아론이 사제의 역할을 합니다. 모세는 사실 군사력을 바탕으로 정치조직을 잘 꾸렸기 때문에 성공했다고 마키아벨리는 말합니다.

마키아벨리는 사보나롤라가 스스로 무장하지 않아서 몰락했다는 결론을 내리기 위해서 6장에서 종교인인 모세를 무장한 정치가라고 묘사합니다. 수미일관성! 마키아벨리는 그런 방식으로 글을 정리합니다. 마키아벨리의 주장은 간단합니다.

종교인이라고 해도
자신을 지킬 수 있는 최소한의 수단을 갖춰야 합니다.
정치인이라면 두말할 필요 없이

자신을 지킬 수단을 갖춰야 합니다.
평범한 사람일지라도
자신을 지킬 만한 히든카드를 갖춰야 합니다.

모세, 테세우스, 키루스, 로물루스에게
행운의 여신이 다가옵니다.

포르투나 여신이 공을 굴리고 풍요를 상징하는 키를 돌리면서, 그들에게 다가왔습니다. 그들이 그 행운을 잡을 수 있었던 것은 자신의 역량을 갖췄기 때문입니다. 또한 그들은 곤경에 처했을 때 반드시 곤경을 이겨낼 만한, 즉 자신을 지킬 수단을 갖고 있었습니다.

테세우스는 약간 예외입니다.

테세우스는 민주주의에 바탕을 둔 아테네를 세운 뒤 일종의 순례를 떠납니다. 그 후 자신이 세운 민주주의 국가를 지키기 위해서 별다른 노력을 못합니다. 사촌이 왕이 되어서 결국 테세우스를 쫓아내는 것으로 끝납니다.

글을 보시면 테세우스가 제일 나중 순서에 나옵니다. 역사적 순서대로라면 모세, 테세우스, 로물루스, 키루스가 나와야 합니다.

마키아벨리가 테세우스를 맨 마지막에 둔 것은 반쯤 실패한 정치인이기 때문입니다. 테세우스는 훌륭한 건국자였지만, 끝까지 지키지 못했기에 서열상 뒤진다고 판단했던 것 같습니다. 이것은 제가 부연한 의미입니다. 믿거나 말거나입니다.

행운의 여신이 다가왔을 때 잡을 수 있는가, 없는가?
부의 신이 왔을 때 잡을 수 있는가, 없는가?

마키아벨리가 이 문제를 던진 이유는 아주 명확합니다. 마키아벨리 입장에서 살펴보시기 바랍니다. 선한 사람들이 세상에서 제대로 살아갈 수 있는가?

착한 자들이 자신의 생각대로 세상을 살아갈 수 있는가? 마키아벨리는 그럴 수 없다고 봅니다.

아무리 도덕이나 윤리를 이야기하고 아무리 국가와 법이 있다고 해도, 세상은 윤리나 도덕과 법을 통해 유지되지 않을 때도 많습니다.

동물의 세계뿐만 아니라
인간의 세계도 약육강식이 지배합니다.

사회를 보십시오. 인간이라면 도저히 행해서는 안 되는 일이 비일비재하게 벌어집니다. 우리는 그것을 뉴스라고 합니다. 뉴스는 인간의 약육강식의 알려주고 탐사하는 소식입니다. 국가 간의 관계도 보십시오. 약육강식의 세계질서가 적나라하게 드러납니다. 국가 간의 약육강식적 침탈과 전쟁을 우리는 국제 뉴스라고 말합니다.

마키아벨리는 말합니다. 살아남고 싶으면 최소

한 자신을 지킬 비르투나, 즉 역량을 갖춰라. 마키아벨리는 여기에서도 매우 중요한 사유의 혁명적 전환을 단행합니다.

마키아벨리는
비르투나에 관한 통념적 사유를 전환합니다.

고대 로마 사람들에게 비르투나는 전쟁이나 무기와 관련된 호전성과 전투 능력이었습니다. 비루투나와 관련해 로마사회에서 중대한 변환점이 옵니다. 키케로적인 비르투나가 등장합니다. 키케로적인 비르투나는 수사학적 노력, 웅변술적 능력입니다. 키케로적인 비르투나는 우리가 현재 긍정적으로 생각하는 미덕과 관련된 능력을 갖춘 자를 뜻합니다.

키케로는
로마 사회에서 드물게 '호모 노부스'입니다.

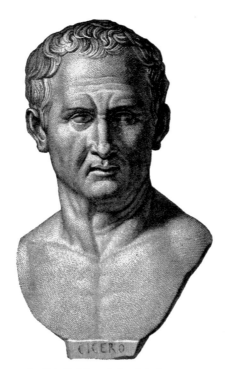

마르쿠스 툴리우스 키케로의 흉상(1885)

호모 노부스는 신참자를 뜻합니다. 신참자는 평민 집안에서 자신의 능력만으로 집정관을 거쳐 원로원이 된 사람들입니다. 키케로는 권력형 카이사르, 명예형 폼페이우스, 재물 집착형 크라수스 같은 삼두정치의 거장들과 그 틈바구니에서 오로지 수사학적 능력과 가치만으로 권력을 다투었습니다.

중요한 것은 키케로가 새로운 비르투나 세계를 열었다는 점입니다. 로마공화정이 몰락하고 황제정이 들어섭니다. 황제정의 가치가 기독교와 결합하면서 중세 1,500년가량을 지배합니다. 이때 고전적인 로마의 비르투나와 달리 키케로적 비르투나가 지배합니다.

키케로적인 비르투나는 우리가 흔히 말하는 미덕과 관련된 덕목들입니다.

마키아벨리는 르네상스 시대의 이탈리아 상황에서 키케로적인 비르투나만으로는 주변 강대국 사이에서 살아남을 수 없기 때문에, 고대 로마적 비르투나가 필요하다고 주장합니다. 이것은 군주가 갖춰야 할 개인의 덕성인 동시에 국가의 덕성입니다.

고전적이며 로마적이며 전투적인 덕성을 갖지 못한 군주는 스스로 지켜내지 못할 뿐만 아니라 나라도 망하게 합니다.

마키아벨리는 군인의 덕성이라고 말하는 비르투나의 덕성을 갖추는 것이 대단히 중요하다고 강조합니다.

사보나롤라는 메디치 가문에게 권력을 빼앗았지만 곧바로 망합니다. 망한 이유는 '무장한 모세'와 달리 '무장하지 않은 사보나롤라'였기 때문입니다. 마키아벨리는 모세와 사보나롤라를 통해서 제정 로마에서 중세까지 지배해온 키케로적인 수사학적 비르투나관을 전복합니다. 마키아벨리는 스스로 지킬 수 있는 전투적인 비르투나관을 새롭게 끌어들입니다.

왜 비르투나 그림은 많지 않을까요?

여기서 한 가지 질문하겠습니다. 포르투나에 관한 그림이나 형상은 아주 많습니다. 반면 비르투나와 관련된 그림이나 형상은 거의 없습니다. 왜 그럴까요? 주화로 형상화한 것을 제외하면 찾기가 쉽지 않습니다.

왜 비르투나를 그림으로 표현하지 않았을까요?
왜 비르투나를 조각으로 만들지 않을까요?

비르투나는 인간의 바람과 기원을 담을 필요가 없습니다. 왜냐하면 유명한 역사적 인물의 모습이 바로 비르투나이기 때문입니다. 따라서 그림과 형상으로 그려지고 만들어진 비르투나가 필요하지 않습니다.

모세, 로물로스, 키루스, 테세우스가 바로
비르투나의 화신입니다.

그들이 곧 비르투나입니다. 삼두정치의 거두 카이사르, 폼페이우스, 크라수스가 바로 비르투나의 화신입니다. 진시황이나 이성계도 바로 비르투나의 화신입니다. 그들이 곧 비르투나이기 때문에, 비르투나의 형상을 따로 표현할 필요가 없습니다. 영웅이 된 그들 자체가 바로 비르투나입니다.

사실 비르투나의 상은 없다기보다 아주 많습니다. 우리가 아는 역사적 인물은 대부분 비르투나의 화신입니다.

비르투나는 형상으로 신격화할 필요가 없습니다.

인간은 자신이 개입할 수 없는 영역에 자신의 바람을 담아서 신의 형상을 만들어냅니다. 하지만 인간이 개입할 수 있는 영역에서 신을 만들 필요는 없습니다. 카이사르 같은 사람이 바로 비르투나를 갖춘 신입니다. 로마인들이 황제가 죽으면 신의 반열로 올렸던 이유는 바로 이 때문입니다.

모방,

또 모방

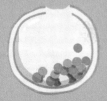

뜸들기 전에 김빠지면 그 밥은 맛이 없습니다.

마키아벨리는 글쓰기의 달인입니다. 그는 7장에서 체사레 보르자를 엄청 찬양합니다. 그것도 자신의 책을 읽을 유일 독자인 메디치 앞에서 체사레 보르자를 모방해야 할 전범으로 칭찬해야만 합니다.

체사레 보르자는 역량을 키운 군주 중에서 가장 모범적이었고, 잔인했으며, 군대를 잘 이끌어 속전속결로 전투를 치렀으며, 엄청나게 빠른 속도로 정복했습니다. 마키아벨리는 이렇게 칭찬에 또 칭찬을 합니다.

마키아벨리는 마지막 부분에서 체사레 보르자가 많은 것을 준비하고 예견했지만, 모든 것을 예측하지는 못했다고 서술합니다.

마키아벨리는 체사레 보르자가 허무하게 죽는

것으로 끝냅니다. 체사레 보르자가 일찍 죽은 것은 사실이지만, 마키아벨리는 굳이 그렇게 쓰지 않아도 됩니다. 칭찬만 계속해서 그를 모방해야 하는 군주의 전형으로 세워도 됩니다.

7장을 신나고 재미나게 읽다 마지막 부분에 도달하면 정말 온몸에 힘이 쫙 빠집니다.

'이렇게 김빠지게 하려면 왜 체사레 보르자를 써?' 이런 말이 절로 나올 법합니다. 하지만 이런 김빼기식 글쓰기는 고도의 글쓰기 수법입니다. 체사레 보르자를 너무 치켜세우면 어떻게 될까요?『군주론』의 유일 독자 메디치가 불편할 것이 너무 뻔합니다. 자신과 체사레가 너무 비교되기 때문입니다.

메디치는 어쩌면 7장을 읽으며 분노할 수도 있습니다. '체사레 보르자가 그렇게 좋으면, 그가 통치하는 나라로 가면 될 것 아냐!' 이렇게 생각할지도 모릅니다. 헌정하는 마키아벨리와 헌정 받는 메디치의 긴장과 떨림이 있는 지점입니다.

마키아벨리는 어떤 경우에도 메디치의 분노를 사면 안 됩니다. 그렇기 때문에 그는 7장 앞에서 메디치를 잔뜩 칭찬하고 뒤에 가서 바람을 확 빼버립니다. 마키아벨리는 '체사레 보르자도 별 볼일 없었다!'라고 말하지 않지만, 독자인 메디치가 그런 느낌을 갖게 합니다.

마키아벨리는 김빼기식 글쓰기를 사용합니다.

마키아벨리는 모방해야 할 현재의 최고 군주로 체사레 보르자를 칭찬하지만, 메디치의 분노를 사지 않는 아주 진짜 놀라운 글쓰기를 했습니다.

『군주론』 6장은 모방에 관한 이야기입니다. 7장 체사레 보르자는 모방해야 할 현실의 군주입니다. 6장과 7장은 모방을 고리로 연결됩니다.

'모방은 창조의 어머니'라고 합니다.

아리스토텔레스의 『시학』을 보시면, 모방 본능론과 모방 쾌감론이 나옵니다.

모방 본능론은
인간은 타고나면서 모방하게 되어 있다고 말합니다.
모방 쾌감론은
인간은 모방하면서 쾌감을 느낀다고 말합니다.

아이들에게 레고를 사주면 처음에는 설명서에선 보인 제품을 그대로 따라 조립합니다. 몇 번 똑같이 모방하다가 지루해지면, 자신이 원하는 모양대로 조립합니다. 아예 처음부터 자기식대로 조립하기도 합니다. 이때 멋진 모양은 잘 나오지 않지만, 몇 번이고 실패하면서 모방을 거듭하다가 보면, 어느결에 새롭고 멋진 형상이 나오곤 합니다.

어린아이들은 말하거나 글 쓰는 것도 모방하면

서 계속 배웁니다. 한참 따라하고 모방합니다. 모방하는 것은 일종의 쾌감을 주기 때문입니다.

아리스토텔레스의 기본적인 모방론에 따르면, 인간에게는 모방의 본능과 모방의 쾌감이 있습니다. 무언가 배울 때 모방은 매우 중요합니다. 처음에 글 쓸 때도 많이 따라 써봐야 합니다. 따라 쓰다 보면 실력이 점점 늘게 됩니다.

마키아벨리는
모방 당위론과 모방 역할론을 주장합니다.
마키아벨리는 아리스토텔레스의 모방 본능론과 모방 쾌감론을 변형합니다.

그는 인간이 모방하는 것은 아주 당연하다는
모방 당위론을 주장합니다.
그는 모방을 하면서 일정한 역할을 수행할 수 있다는
모방 역할론을 주장합니다.

마키아벨리는 모방론을 주장하면서 아리스토텔레스의 4원인론을 모방합니다. 아리스토텔레스는 질료인, 형상인, 작용인, 목적인 4원인론을 주장합니다. 식탁을 예로 들어 설명하면 이해하기 쉽습니다. 질료인은 식탁을 만드는 나무, 형상인은 식탁, 작용인은 식탁을 만드는 목수, 목적인은 밥을 편하게 먹기 위한 것입니다.

마키아벨리는 『군주론』 6장에서
아리스토텔레스의 4원인론을 차용해 설명합니다.

질료인은 역경에 처한 자,
형상인은 군주,
작용인은 역량,
목적인은 모세 같은 구체적 인물입니다.

6장은 모세, 로물루스, 키루스, 테세우스를 모방하라는 내용입니다.

6장을 간단하게 정리하는 방법이 있습니다. 4원 인론에 맞춰 설명하는 것입니다. 개인적으로 자신이 속한 사회나 국가가 역경에 처했다면, 군주의 형상을 떠올리고, 역량을 키워 로물루스 같은 군주가 되는 것이다.

현실을 살아가는 우리도 이와 같은 방식으로 자신의 삶을 정리할 수 있습니다. 아주 조잡하고 간단하지만, 모방론으로 정리하는 것입니다. 살다 지치고 힘든 역경에 처하면, 존경하는 인물을 떠올리고, 그 인물을 따라잡기 위해 역량을 키우고, 마침내 우뚝 서는 것이 필요합니다.

현대 사회에서도
마키아벨리의 모방론이 필요합니다.

이론적인 부분을 간단하게 설명했는데, 모방은 매우 중요합니다. 우리는 모방하는 의무가 있는가, 없는가 하는 질문을 던져야 합니다. 물론 개인적으로 모방하는 것이 싫으신 분도 있습니다. 레고를 선물로 받자마자 자기 마음대로 만드는 어린이도 있습니다. 하지만 좋은 모양의 레고 완성작은 나오지 않습니다. 분명한 것은 어느 시대나 모세나 키루스 같은 사람들, 그런 위대한 이상을 모방 대상으로 설정해놓고 따라하는 것이 중요합니다.

지금 시대도 모방은 필요합니다.

우리 주변에는 숱하게 많은 거인이 있습니다. 대통령, UN 사무총장, 재벌, 아니면 미국의 위대한 기업가들과 정치인들, 모든 것을 벗어 던지고 봉사와 헌신의 삶을 사는 분들, 시민운동가들, 헌신하는 의사들, 공명정대한 법조인들 등…….

누구를 모방할지 질문을 던져보시면
의외의 곳에서 답이 나옵니다.

미국 주도의 세계이기 때문에 모방해야 할 대상

으로 베트맨이나 스파이더맨 같은 슈퍼 히어로도 나타납니다. 미국식 슈퍼 히어로의 공통점을 확인해보시면, 모세나 키루스와 똑같습니다. 다 버려지고, 아버지가 없고, 고난을 겪습니다. 고난을 겪은 다음에 우연히 도움을 받아서 악을 물리치고, 정의를 세워 세상의 질서를 바로 잡습니다.

현대의 공상적 인물인 배트맨이나 스파이더맨 같은 슈퍼 히어로는 과거의 신화적 인물인 모세, 로물루스, 테세우스, 키루스 같은 히어로들입니다. 슈퍼 히어로에 대한 모방은 어떠한 형태로든 간에 계속 나타납니다. 슈퍼 히어로 영화는 악을 물리쳐야 할 대상으로 설정합니다. 이런 종류의 영화는 한 시대를 살아가는 모범적 인물이 악과 싸워서 정의를 세운다는 서사입니다.

우리는 모방의 대상을 신화, 역사, 영화 등에서도 구할 수 있습니다. 영웅들은 보편화된 형태로 끊임없이 나타난다는 점을 잊어서는 안 됩니다.

시라쿠사의

히에론을

모방하라

시라쿠사의 히에론 정도는 모방할 수 있습니다.

마키아벨리는 6장 마지막 부분에 시라쿠사의 히에론이라는 인물을 슬쩍 집어넣습니다. 시라쿠사의 히에론은 우리가 이름조차 들어본 적 없는 생소한 인물입니다. 세계사에 정통하거나 유럽 역사를 잘 알지 않는 한 들어본 적이 없는 인물입니다.

마키아벨리는 무명에 가까운 히에론을 왜 집어 넣었을까요?

모세, 테세우스, 키루스, 로물루스 같은 위대한 인물처럼 행동할 사람은 얼마나 될까요? 이들을 모방하라고 하면, 모방하실 분이 얼마나 될까요?

이런 인물들은 1,000년에 한 명 나올까 말까 한 인물들입니다. 따라하기 쉽지 않습니다.

배트맨이나 슈퍼맨, 아니면 스파이더맨 같은 슈

히에론 주화(세일코 사진, 베를린 구 박물관 소장)

퍼 히어로를 따라 하라고 하면, 얼마나 따라 할 수 있을까요? 평범한 시민이 시장 뒷골목 양아치와 조폭, 그리고 시정잡배들과 매일 주먹다짐하면서 살 수는 없습니다. 당연히 체력도 안 되고 먹고살 돈도 부족하기 때문입니다.

모방할 수 없는 걸 모방하라고 말하면,
공염불입니다.

모방하기에는 너무 벅찬 위인을 모방하라고 강요하고, 현실적으로 따라 하기 힘든 초능력자를 따라 하라고 몰아세우면, 이것은 하나마나한 소리입니다. 실천하기 힘든 것을 실천하라고 말하면, 마키아벨리의 모방 당위론이나 모방 역할론은 이상론으로 끝날 가능성이 대단히 높습니다. 모방론이 하늘에 뜬 구름 같은 이상에만 그치면 아무런 소용이 없습니다.

마키아벨리의 끼워넣기는 정말 근사합니다.

마키아벨리 주장의 처음과 끝은 현실 속에 살아가는 정치인을 위한 것입니다. 모방 대상을 현실 속 정치인이 따라할 수 없다면 문제가 됩니다. 마키아벨리의 주장은 실체나 근거가 없는 허구가 되어버립니다.

어떤 군주가 모세를 모방하거나, 로물루스나 테세우스 같은 반인반신을 따라 하거나, 키루스 같은 역사 속 인물을 복제하듯이 실현한다는 것은 불가능합니다. 실제로 이것은 가능하지 않습니다. 기껏해야 직원 10명 데리고 있는 사장님이 "3년만 기다려봐. 내가 정주영과 똑같아질거야"라고 호언장담한다면 비웃음을 살 뿐입니다.

마키아벨리는 실현 가능성 0퍼센트를 실현 가능성 100퍼센트로 바꾸기 위한 전략을 사용합니다.

마키아벨리는 실현 불가능성으로서 자신의 주장을 설득력 있는 실현 가능성으로 전환합니다. 그는 군주라면 누구라도 투사 가능한 인물을 선정합니다. 그가 바로 시라쿠사의 히에론입니다. 아마 마키아벨리는 이렇게 소리쳤을 것입니다.

시라쿠사의 히에론을 보라!

시라쿠사의 히에론 정도라면 '흠흠, 그 정도 쯤이야! 나도 따라 할 수 있지!'라는 말을 군주들이 할 것입니다. 글을 읽는 독자라면, 아마도 마키아벨리의 술수에 이렇게 빠져들 것입니다.

마키아벨리의 글은 대단히 과학적입니다.
아래 흐름을 보시면 명확합니다.

• 마키아벨리는 모세를 끌어들입니다.
• 모세가 종교인이라고 하면, 정치를 이야기하는 데 별로 설득력이 없습니다.
• 그는 모세를 정치인으로 바꿔놓습니다.
• 그는 모세를 단순한 정치인이 아니라 무장한 정

치인으로 묘사합니다.

- 그는 모세가 무장한 힘으로 자신의 정치적 기반을 공고히 했다고 주장합니다.
- 마키아벨리는 무장하지 않은 예언자는 망한다며 사보나롤라를 슬며시 끼워 넣습니다.

완벽한 논리적 논증입니다. 마키아벨리의 글에는 단 한 단어도, 한 문장도, 한 인물이나 사건도 버릴 것이 없습니다. 하나를 빼놓고 나면 글 전체의 흐름이 흔들립니다. 모세, 로물루스, 테세우스, 키루스 같은 위대하고도 위대한 인물을 쭉 열거하면, 모방할 현실 속의 군주는 없습니다. 그들은 현실에서 모방할 수 없는 신적인 인간들입니다. 이들을 모방할 만한 능력을 갖춘 군주는 거의 없습니다. 이때 마키아벨리는 생판 보도 듣도 못한 시라쿠사의 히에론을 등장시킵니다.

'자, 군주들이라면, 히에론 정도라면 모방할 수 있지 않겠어?'

『광학의 서』 라틴어판 표지 그림. 원서는 중세 이슬람 과학자인 이븐 알하이삼(965~1040)이 지었고, 라틴어판은 13세기에 출간되었다. 아르키메데스가 어떻게 포물선 모양의 거울을 이용하여 로마 선박에 불을 붙였는지를 보여준다. (출처: 바이에른 주립 도서관)

아르키메데스가 발명한 배를 불태우는 거울(Mario Bettini, 1642)

배를 침몰시키는 아르키메데스의 갈고리(줄리오 파리기i, 1599~1600, 부분도)

아르키메데스의 지렛대(작가 미상, 1824)

히에론은 어떤 사람일까요? 아마 설명을 들으면 '아! 그 사람이야!' 하고 소리칠 것입니다. 마치 '유레카' 하듯이 말입니다. 히에론은 바로 '유레카' 외쳤던 아르키메데스와 관련된 사람입니다. 아르키메데스가 죽은 유명한 이야기를 다 아실 겁니다. 앉아서 원주율을 계산하다가 로마병사한테 칼에 찔려 죽습니다.

우리는 보통 아르키메데스가 과학적 탐구를 하는데, 무지렁이 로마 병사가 죽였다고 생각합니다. 하지만 이는 착각입니다. 아르키메데스는 로마의 뿌리 깊은 원한을 산 과학자이기 때문에 죽습니다.

시라쿠사의 히에론은 아르키메데스를 고용해 로마와 끊임없이 싸운 사람입니다.

히에론은 시라쿠사의 왕이 되어서 무려 55년간 로마와 싸우고, 카르타고와도 끊임없이 투쟁했던 군주입니다.

'나한테 긴 막대기만 주어지면 지구도 움직일 수 있다.'

아르키메데스의 호언장담입니다. 이 아르키메데스의 능력을 알아보고, 힘을 실어준 군주는 히에론입니다.

지구를 움직일 수도 있다고 자부한 아르키메데스가 로마 정도가 무서웠겠습니까? 히에론의 적극적 지원을 받은 아르키메데스가 로마 정도가 뭐가 무서웠겠습니까? 앞의 그림들을 보십시오. 우리가 아는 햇볕을 이용해 배를 태우는 장치입니다. 로마의 배가 멀리서 오면 이 장치로 태워버립니다. 배를 뒤집어놓는 기계도 있습니다. 그림을 보면 과학적 원리로 배를 끌어서 전복합니다. 여기에 지렛대의 원리가 숨어 있습니다.

위대한 과학자 아르키메데스의 죽음에는 이처럼 로마의 증오가 숨겨져 있습니다. 로마는 이를 일상적인 소소한 사건, 위대한 과학자를 몰라본 일개 병사의 실수로 은폐 축소합니다. 증오의 복수를 '소확실', 작지만 확실한 실수로 바꾸어놓습니다.

히에론은 한낱 시민에 지나지 않았습니다.

그러나 히에론은 행운이 따라 장군직을 차지하고 나중에는 시라쿠사의 왕이 됩니다. 왕이 된 다음에는 팔색조로 변신합니다. 그는 로마와 싸울 때는 카르타고와 동맹을 맺고, 카르타고와 싸울 때는 로마와 동맹을 맺기도 합니다. 그는 무려 55년 동안이나 카르타고와 로마의 틈바구니에서 나라를 지켰던 사람입니다.

히에론이 얼마나 위대한 왕이었는지는
그가 죽은 후 드러납니다.

그가 죽은 지 4년도 안 되어서 시라쿠사는 로마에 망합니다. 히에론의 위대한 업적이 대단히 중요합니다. 더 중요한 것은 마키아벨리가 히에론을 현실 속에서 모방해야 할 군주로 끌어들였다는 점입니다.

> 마키아벨리는 글쓰기를 통해서 따라할 수 없는 이상적 인물들이 있지만, 현실적인 인물도 있다는 점을 은연중에 강조합니다.

> 모방하고 싶은 이상적 인물이 있다면 한 번 따라 해보라.
> 현실적으로 불가능하다면 따라 할 수 있는 인물을 찾아보라.
> 메디치라면, 당신이 군주라면 적어도 시라쿠사의 히에론 정도는 모방할 수 있지 않을까!
> 메디치라면, 당신이 군주라면 체사레 보르자 정도는 모방할 수 있지 않겠어!

무엇을

모방해야

하는가?

알렉산더 대왕은 아킬레우스를 모방했습니다.
카이사르는 알렉산더 대왕을 모방했습니다.
스키피오는 키루스를 모방했습니다.

마키아벨리는 6장에 이어 14장에서도 모방을 이야기합니다. 왜 마키아벨리는 다시 모방론을 끌고 들어왔을까요? 아마 예리하게 알아차리신 분들이 있을 겁니다.

모세? 로물루스? 테세우스?

실제 인물일까요? 신화일까요? 단군은 실제 인물일까요? 신화 속 인물일까요? 실제와 신화의 경계가 불분명합니다. 6장의 모방 인물들 모세, 로물루스, 테세우스, 키루스 중에서 키루스만 역사 속 실제 인물입니다. 모세, 로물루스, 테세우스는 픽션이거나 팩트와 픽션의 혼합물인 팩션일 가능성이 큽니다.

아리스토텔레스의 가르침을 받고 있는 알렉산더(레온 제롬 페리Jean Leon Gerome Ferris, 1895)

알렉산더! 카이사르! 스키피오! 아킬레우스!

알렉산더, 카이사르, 스키피오는 모두 현실 속에서 살아 있던 역사 속 인물입니다. 단 아킬레우스는 팩션입니다. 마키아벨리는 6장에서 픽션 3 대 팩션 1을, 14장에서 팩트 3 대 팩션 1로 바꾸어 모방론을 다시 서술합니다. 6장에서 팩션을 중심으로 무조건 모방하라고 했다면, 14장에서 무엇을 모방해야 할지 구체적으로 지시합니다.

알렉산더는 현실 속의 인물입니다.

아킬레우스는 전투의 신, 전쟁의 신으로 신격화한 팩션형 인물입니다. 알렉산더는 자신이 바로 아킬레우스의 후손이라고 생각했습니다. 알렉산더는 스승 아리스토텔레스가 번역해준『일리아드』를 전투 중에도 항상 들고 다니면서 매일 읽었던 군주입니다.『일리아드』의 주인공이 아킬레우스라는 점은 다 아실 것입니다. 알렉산더는 자신과 아킬레우스를 등치시킨 다음에 끊임없이 자신을 신격화합니다. 알렉산더 대왕은 알렉산더 제국을 세웁니다.

로마 제국의 건설자 카이사르는
알렉산더를 모방합니다.

카이사르가 알렉산더를 모방했습니다. 카이사르는 현실 속 실제 인물을 모방 대상으로 삼았습니다. 카이사르는 알렉산더 이야기를 끊임없이 읽었습니다. 카이사르가 알렉산더가 살던 마케도니아를 정복하러 갔습니다. 어느 날 카이사르는 참호 속에서 눈물을 흘리면 울었습니다. 부관이 물었습니다. "아니, 왜 우십니까?" 카이사르는 대답했습니다. "알렉산더는 30세가 되기 전에 저 넓은 제국을 건설했는데 내 나이는 너무 늦지 않았느냐?"

스키피오는 키루스를 모방했습니다.

스키피오는 키루스의 온화함을 배웠다고 합니

다. 스키피오는 온화함을 배워서 군인으로서 대단히 중요한 역할을 했습니다. 스키피오에게는 '아프리카누스'라는 칭호가 붙습니다. 그의 공식 이름은 푸블리우스 코르넬리우스 스키피오 아프리카누스입니다. 그의 이름은 네 마디입니다.

로마의 위대한 인물들의 이름은 보통 세 마디입니다. 예를 들면 가이우스 율리우스 카이사르, 그나이우스 폼페이우스 마그누스, 마르쿠스 리키니우스 크라수스, 티베리우스 셈프로니우스 그라쿠스 등을 보십시오. 이렇게 세 마디입니다.

스키피오는 네 마디인 것은 그가 얼마나 위대한지 보여주는 상징적인 사실입니다. 로마인의 마지막에 붙는 이름은 그 사람의 업적을 가리킵니다. 아프리카누스는 스키피오가 아프리카를 정복했다는 뜻입니다.

아프리카누스라는 말에
로마의 엄청난 역사가 숨겨 있습니다.

세 명의 고대 영웅(도메니코 기를란다요, 1480년대, 피렌체 베키오
궁 벽화). 르네상스 시기에 그린 벽화 작품으로 중앙에 스키피오 아
프리카누스, 오른쪽에 카이사르가 있다.

그의 이름에는 로마를 그토록 괴롭히던 카르타고, 한니발이 숨겨 있습니다. 로마의 어린이들은 울다가도 '한니발 온다. 너 울면 한니발한테 잡혀간다!'라고 말하면 울음을 멈추었다는 이야기가 있을 정도입니다. 명장 한니발과 그 한니발을 낳은 카르타고, 카르타고를 품에 안은 아프리카를 정복한 사람이 바로 스키피오입니다. 로마인이라면 이 호칭 앞에 누구나 머리를 숙일 수밖에 없습니다.

팩션의 팩트화는 마키아벨리의 노림수입니다.

앞에서 모세 같은 팩션형 위인들은 모방하기가 매우 어렵습니다. 하지만 현실 속 인물인 히에론 정도라면 모방할 수 있습니다. 나라의 건국은 픽션이나 팩션으로만 가능합니다. 오랜 역사를 가진 나라는 건국 신화가 있습니다. 팩션입니다. 역사가 오래되지 않아 건국한 나라들, 식민 외세에서 독립한 나라 역시 건국자들이 있습니다. 그들은 건국자를 건국 신화로 만들고, 팩션화합니다. 미국인들에게 조지 워싱턴은 신화에 가깝습니다.

국가 방위는 팩션이 아니라 팩트입니다.

군주가 국가를 외세로부터 지키는 것은 잘해봐
야 본전이고, 못하면 개망신입니다. 군주라면 외세
로부터 나라를 지키는 것은 너무나 당연한 의무 중
의무입니다. 군주가 나라를 지키지 못하면, 메디치
가문처럼 왕권을 빼앗길 뿐만 아니라 신망도 잃고
모든 것을 잃습니다.

국가 방위는 대단히 중요하기 때문에 이상이 아
니라 현실입니다.
국가 방위에는 신화가 없습니다.
국가 방위에는 사실만 있습니다.

마키아벨리는 건국이 아니라 나라를 지키기 위해
서 무엇이 필요한지 역설합니다.

마키아벨리는 국가 방위의 측면에서 모방 대상을 건국 신화형 인물이 아니라 현실 속 인물에서 끌고 들어옵니다. 모세, 테세우스, 로물루스, 키루스와 알렉산더, 카이사르, 스키피오를 똑같은 모방 대상이라고 생각하면 안 됩니다.

모세, 테세우스, 로물루스는 팩션화 전략으로 군주가 언제든지 따라야 할 이상적 모방 대상입니다.

마치 슈퍼 히어로 영화를 보면서 어떤 생각이 드십니까? 매일 내가 진짜 먹고살기 힘들고 구차하지만, 정의의 문제와 부딪쳤을 때는 최소한 정의롭게 살아야 하지 않을까라는 생각을 하게 됩니다.

알렉산더, 카이사르, 스키피오는 군주가 현실 속에서 언제든지 따라야 할 현실적 모방 대상입니다.

군주는 항상 자신을 지키고 나라를 지켜야 합니다. 이것은 이상의 문제가 아니라 현실의 문제입니다. 현실의 문제는 어떤 경우에도 무시해서는 안 됩니다. 왜 그러는지 다 아실 겁니다. 현실의 문제를 무시한 순간 그걸로 끝나기 때문입니다.

군주가 현실 문제를 무시하면 그 국가는 그걸로 끝입니다. 망합니다. 연애는 이상이지만, 결혼은 현실입니다. 현실을 망각한 순간, 그 결혼은 파탄으로 귀결됩니다. 연애할 때는 별을 따다 준다고 약속할 수 있습니다. 결혼할 때는 한 달 수입이 얼마인지가 중요해집니다.

군주는 현실 속 실제 위인들에게 무엇을 모방해야 할까요? 우리 시대의 눈으로 보면 너무 기이하지만, 그 답은 사냥입니다. 군주는 사냥을 훈련해야 한다고 마키아벨리는 주장합니다.

조선 초기 군주의 덕목 중에는 활 쏘는 능력과 사냥 능력이 있었습니다.

조선의 초기 군주는 반드시 사냥을 했습니다. 어느 나라나 사냥은 매우 중요한 군사 훈련의 장입니다. 물론 사냥이 과해지면 안 됩니다. 군주가 자기의 힘을 과시하거나 향락을 일삼기 위해서, 다시 말해 죽어가는 것을 맛보기 위해 사냥한다면 잘못된 태도입니다.

사냥은 양날의 칼입니다.

군사 훈련을 위한 것이라면, 사냥은 다다익선(多多益善)입니다. 군주의 위신과 힘의 과시를 위한 것이라면 사냥은, 소소익선(小少益善)입니다.

하여튼 군주가 군사 훈련을 위해서 사냥하는 것은 매우 중요합니다.

미사일을 쏘고 핵무기가 날아가는 시대에, 전투가 게임처럼 변한 시대에 사냥이 군주에게 어떤 의미가 있을까요? 대통령이나 최고 통치권자가 시민에게 부여받은 권력의 행사자라면, 군주에게 사냥은 어떤 의미가 있을까요? 자주국방의 의미에서 사냥에 버금가는 것이 무엇일까요? 이에 대해서는 다른 시간에 말씀드리겠습니다.

책 읽기는

영혼의

훈련

마키아벨리의 훈련관은 천재적입니다.

그는 육체 훈련과 정신 훈련을 구분합니다. 군주라면 이 두 훈련을 게을리하지 말아야 합니다. 마키아벨리는 육체 훈련을 다시 몸 훈련과 두뇌 훈련으로 나눕니다. 육체 훈련에 가장 좋은 방법은 사냥이고, 정신 훈련에 가장 좋은 방법은 독서라고 주장합니다.

사냥은 육체 훈련에 큰 도움이 됩니다.

옛날 악덕한 군주들은 사냥을 많이 했습니다. 백성을 피폐하게 하는 사냥은 분명 잘못된 것입니다. 하지만 나라를 잘 지키고, 백성을 풍요롭게 하는 사냥은 적극 권장해야 합니다. 마키아벨리는 단언합니다.

사냥은 전쟁을 위한 훈련이어야만 합니다.

그 외의 목적을 위한 사냥은 군주의 호사와 사

치, 군주 권력의 화려함과 장엄함, 군주 강권의 강력함과 잔혹함을 보여줄 뿐입니다.

사냥의 가장 중요한 점은 몸을 강건하게 만든다는 사실입니다.

군주가 사냥하려고 말을 타고 계속 활을 쏘는 훈련을 한다고 생각해보시길 바랍니다. 그 군주가 얼마나 건강한 군주겠습니까? 이 군주는 전쟁이 나도 야전에서 병사들과 동고동락할 수 있는 군주가 될 것입니다.

그 군주를 따라 지배층이 이 훈련을 등한시하지 않는다고 가정해보시길 바랍니다.

예컨대 조선시대의 선비가 말타기 훈련과 활쏘기 훈련을 등한시하지 않았다고 생각해보십시오. 인자여사(仁者如射)처럼 선비들이 활쏘기를 열심히 했다면, 호란과 임란은 일어나지 않았을지도 모릅니다. 호란과 임란이 일어나도 백성들이 큰 고통을 겪지 않았을 것입니다.

『조선왕조실록』의 기록에 충실한 사극에도 군주와 선비들이 사냥 연습하는 장면이 나옵니다. 적어도 세종 이전까지는 그런 장면이 나옵니다. 세종 이후 문과 무가 분리됩니다. 문이 무를 지배하면서, 선비는 무를 버린 나약한 서생이 되어버립니다.

사냥의 또 다른 중요한 점은 두뇌 훈련을 강화한다는 점이다.

마키아벨리는 사냥의 장점으로 지형의 습득에 도움이 된다고 말합니다. 마키아벨리는 사냥의 장점으로 몸을 강하게 만드는 것과 지형의 습득이라는 두뇌 강화를 강조합니다. 두뇌와 관련된 것이 지형학입니다.

지형을 알고 지형학을 습득하면 전쟁에 나갔을

때 크게 도움이 됩니다. 말 타고 달리면서 사냥 훈련을 하다 보면 지형에 익숙해지기 마련입니다. 그런 군주는 자기 나라의 마을과 달리 익숙하지 않은 다른 나라의 지형에 놓여도 빨리 익숙해지고 그 지형에 맞게 전략을 수립할 수 있습니다. 지형을 잘 이용할 수 있는지 없는지는 전쟁의 승패를 결정짓는 가장 중요한 요소 중 하나입니다.

마키아벨리는 필리포이만의 예를 들어 육체 훈련인 사냥의 장점을 강조합니다.

그는 부하들과 길을 갈 때면 종종 멈추어 서서 다음과 같은 질문을 던지곤 했습니다. "적이 저 언덕 위에 있고 우리 군대가 여기에 있다고 한다면, 적과 우리 중 누가 더 유리한 것인가? 우리 상태를 고려해 우리는 적을 어떻게 공격할 것인가? 우리가 물러나야 한다면, 어떻게 후퇴할 것인가? 반대로 적이 물러난다면 우리는 그들을 어떻게 추적한 것인가?" (『군주론』, 488쪽)

필리포이만의 상처(다비드 당제, 1837, 루브르 박물관 소장)

필리포이만은 군주로서 전쟁 이외에는 관심이 없었고, 쉴 때는 사냥 훈련을 계속했습니다. 그는 훈련을 이용해서 자신도 지형학을 습득했고, 부하 장군들도 지형학을 습득하게 했습니다. 마찬가지로 병사들도 어떤 지형에서도 자유자재로 싸울 수 있게 훈련되었습니다.

군주에게는 몸 훈련도 두뇌 훈련도 중요합니다.

몸과 두뇌는 상호보완 관계입니다. 몸만 앞서고 군사지식이 없으면 만용으로 끝나기 십상이고, 두뇌만 앞서고 몸이 따르지 못하면 저질 체력으로 전투를 수행하지 못합니다.

지형학에 아무리 익숙하고 전투 계획을 잘 수립한다 해도, 몸이 뒷받침되지 않으면 모래 위에 집을 지으려는 사상누각(沙上樓閣)입니다. 말 타고 달린 지 얼마 되지 않아 헉헉거리다 말에서 떨어져 포로로 잡힙니다. 몸 훈련이 아무리 잘되어 있어도 두뇌가 뒷받침되지 않으면 맨손으로 범을 잡고, 맨몸으로 황하를 건너려는 포호빙하(暴虎馮河)입니다. 낯선 곳에서 칼춤을 추다 포로로 잡히고 맙니다.

마키아벨리는 인간의 육체를
몸과 두뇌로 나누었습니다.

그는 육체 훈련인 사냥을 하면 몸뿐만 아니라 두뇌도 훈련할 수 있다고 강조합니다. 양자가 잘 어우러지는 것은 전투에서 대단히 중요하다고 강조합니다.

마키아벨리는 한 발 더 나가
육체와 정신을 구분합니다.

마키아벨리는 군주라면 영혼, 정신을 어떻게 단련할지에 대해 아주 독특한 문제제기를 합니다. 정말 천재적입니다. 이 부분을 놓치면 절대 안 됩니다. 영혼을 어떻게 단련할 것인가?

머리는 좋지만, 영혼과 정신이 강건하지 못한 사람들이 있습니다. 배운 것도 없는데, 정신과 영혼이 강건한 사람들도 있습니다. 똑똑하다고 해서 반드시 현명하지는 않습니다. 두뇌와 영혼은 분명 구분되어야 하고, 구분해서 이해해야 합니다.

몸은 건강한데, 머리가 나쁜 군주가 있습니다. 이런 군주들은 어떻게 될까요? 신하들의 꾐과 어리석은 조언에 빠져 멋도 모르고 그릇된 일을 저지릅니다. 당연히 백성들의 원망을 삽니다.

몸도 건강하고, 머리도 좋은데,
정신이 약한 군주도 있습니다.

이런 군주들은 어떻게 될까요? 우유부단의 극치를 보여줍니다. 신하들의 파당에 휩쓸려 이러지도 저러지도 못하고 우왕좌왕합니다.

육체와 관련된 몸과 두뇌, 정신과 관련된 부분을

나누어 이해하는 것이 중요합니다.

마키아벨리는 영혼과 정신을 강화하는 가장 좋은 방법으로 독서를 주장합니다.

정말 뜻밖입니다. 우리의 정신과 영혼을 어떻게 강화하는 것이 좋을까요? 군주이든 지금 이 시대를 살아가는 개인이든 자기 자신의 정신을 강하게 만들 수 있는 방법이 무엇인지 질문을 던져보시기 바랍니다. 자신의 정신과 영혼을 강화하기 위해 어떤 훈련을 하는 것이 좋을까요?

마키아벨리는 독서가 가장 중요하다고 강조합니다. 마키아벨리는 독서를 통해 위대한 인물을 모방해야 한다고 주장합니다. 끊임없이 위대한 인물과 관련된 글을 읽어야 합니다. 여기에서 말하는 모방해야 할 위대한 인물은 모세, 키루스, 로물루스, 테세우스가 아닌 실존하는 인물입니다. 아킬레우스도 해당하지 않습니다. 카이사르, 알렉산더,

스키피오, 키루스는 실존 인물들입니다. 그들의 글을 읽고 끊임없이 모방하는 것이 중요합니다.

정신을 특화해 이해하는 것이 중요합니다.

마키아벨리는 군주가 사냥을 하면 조직력이 배가되고 지형학을 습득할 수 있다고 합니다. 마키아벨리는 군주라면 자신의 영혼을 단련하는 위대한 임무를 끊임없이 모방하기 위해서 책을 읽어야 한다고 강조합니다.

우리는 살아가면서 두뇌 훈련을 아주 열심히 합니다. 아침에 스마트폰을 켜기 시작해서 잘 때까지 스마트폰의 노예로 정보를 습득합니다. 단편 지식을 획득합니다. 그러면서 두뇌를 작동시킵니다. 신문, 텔레비전 등을 통해 두뇌를 훈련하기도 합니다. 초등 6년, 중등 3년, 고등 3년 동안 두뇌 훈련을 지독하게 시킵니다. 대학 4년의 기간도 이미 두뇌 훈련의 장으로 포섭된 지 오래입니다.

우리는 얼마나 정신과 영혼을 훈련하고 있습니까?

자신의 영혼을 단련하기 위해 독서하는 사람은 전 세계 인구의 몇 퍼센트나 될까요? 우리나라 독서 인구가 몇 퍼센트나 될까요? 예나 지금이나 저는 5퍼센트를 넘지 않는다고 봅니다. 문맹률이 낮은 것과 독서율이 높은 것은 별개입니다.

대학을 졸업했다고 책을 읽습니까?

꼭 그렇지 않습니다. 우리나라의 대학 진학률은 80퍼센트 가까이 됩니다. 문맹률도 무척 낮습니다. 하지만 우리나라나 전 세계적으로 책을 읽는 사람은 500년 전이나 지금이나 마찬가지로 5퍼센트 정도밖에 안 된다고 생각합니다.

유명한 이야기가 있습니다. 프랑스 혁명가 중에는 포르노 작가가 많습니다. 왜 포르노 작가들이 혁명가가 되었을까요? 반대로 혁명가들은 포르노를

사드 후작의 책, 『알린과 발쿠르』의 삽화(작자 미상, 1795)

정치적으로 이용했을까요? 격문을 써붙이고, 전단지를 돌리고, 구체제를 폭로하는 팸플릿을 작성했는데, 읽을 줄 아는 사람이 별로 없었기 때문입니다.

혁명가들은 구체제(앙시앵레짐)가 잘못되었다고 글로 비판합니다. 하지만 읽을 줄 아는 사람이 별로 없습니다. 프랑스 혁명가 중 일부가 궁여지책으로 포르노를 선택합니다.

혁명가들은
포르노를 통해 구체제를 정면 공격합니다.

혁명가들은 어떤 그림으로 대중을 설득했을까요? 구체제는 그야말로 포르투나, 혈통을 통해 이루어졌습니다. 귀족도 신분이 높은 종교인도 다 신분이 좋은 집안이 차지했습니다. 혁명가들의 포르노는 그 혈통이 더럽다는 점을 선전했습니다. 혁명가들이 성직자와 귀족의 문란한 섹스를 표현한 그림은 '저 높으신 나리와 고상한 성직자의 핏줄이

저렇게 더러운 것들이야!'라고 생각하게 만들었습니다.

　귀족들은 책을 얼마나 읽었을까요?

　귀족들은 책 읽을 필요가 없었습니다. 놀고먹기 바쁜데 책을 왜 읽겠습니까?

　사제들도 책을 읽지 않았습니다.

　먹고살기 위해 종교인이 된 사람들은 애초부터 글을 읽을 줄 몰랐습니다. 대다수 사제는 글을 읽을 줄 몰랐습니다. 스탕달의 『적과 흑』을 보시면, 주인공 줄리앙 소렐이 출세하는 방법이 나옵니다. 줄리앙 소렐은 머리가 좋습니다. 게다가 책을 읽을 줄 압니다. 그는 그 좋은 머리로 라틴어 성경을 통째로 외워버립니다. 소렐이 성당에 들렀을 때 사제들이 웅얼웅얼 경문을 외웁니다. 읽는 것이 아니라 입으로 외웁니다. 왜 그럴까요? 글을 읽을 줄 모르기 때문에 입에서 입으로 전달받아 미사의식에서만 사용할 뿐입니다.

교수라고 책을 읽는 줄 아십니까?

교수는 전공 책 외는 읽지도 않습니다. 전문 바보들입니다. 초·중·고 교사라고 해서 책을 읽는 줄 아십니까? 지식 전달자 역할에 만족할 때가 많습니다. 종교인이라고 책을 읽는 줄 아십니까? 경전을 읽는 데 급급할 뿐입니다.

물론 예외적인 교수도, 교사도, 종교인도, 그리고 대학생도 있습니다. 진정한 독서가입니다. 하지만 예나 지금이나 책을 읽는 사람은 그리 많지 않습니다. 문맹률이 낮아지고, 고등교육을 받는다 해도 책을 읽는 사람은 여전히 많지 않습니다.

리더(Reader)가 리더(Leader)가 되는 이유는 바로 책을 읽기 때문입니다.

책을 읽는 행위는 마음과 영혼과 정신을 살찌우는 행위입니다. 책을 읽는 행위는 사실 지식을 쌓는 행위가 아닙니다. 독서는 저자와 주인공과 주어진 상황과 대화를 통해 마음과 영혼을 살찌워 정신을 강하게 하는 행위입니다. 마키아리벨리는 정신 강화를 모방을 통해서 해야 한다고 합니다.

누구를 모방해야 할까요?

자기가 좋아하는 인물이면 됩니다. 마키아벨리는 균형을 잃지 않으려고 카이사르나 알렉산더 같은 용기 있고 결단력 있는 무장을 설명합니다. 그는 다른 한 켠에다 슬쩍 온화함을 대표할 만한 스키피오를 쓱 집어넣습니다.

스키피오는 키루스에게서 온화함을 모방합니다.

키루스는 그 큰 제국 메디아를 정복하고 페르시아 대제국을 건설한 군주입니다. 그 과정에서 사람을 많이 죽이지 않은 군주로도 유명합니다. 그는 살상 대신 남성을 여성화하는 정책을 취하고, 메디아 시민을 전투가 아닌 상업에 종사하게 합니다. 또 정복지 시민의 전쟁 능력을 무력화합니다. 그는 사람을 죽이는 것보다 그것이 낫다고 생각했습니다.

마키아벨리의 메시지는 분명합니다. 군주에게 한편으로는 카이사르와 알렉산더 같은 용기와 군사력도 중요하지만, 다른 한편으로는 온화함도 중요합니다.

군주인 나는 누구를 모방할 것인가?

한 시대를 살아가는 위대한 군주라면
나는 누구를 모방할 것인가?
마키아벨리 시대의 문제의식입니다.

평범한 시민인 나는 누구를 모방할 것인가?

이 시대를 살아가는 우리의 문제의식입니다.
시민은 누구나 다 군주입니다.

이 시대의 시민은 누구나 독립된 개인으로서 한 영역에서 왕처럼 살고 있습니다. 우리 집 딸들은 다 공주님이고 아들들은 다 왕자님입니다. 누구나 자녀를 그렇게 키웠고, 실제로 그렇게 대접합니다.

시민인 우리도 군주처럼
체력 훈련, 두뇌 훈련, 정신 훈련을
열심히 해야 합니다.

등산을 다니고, 헬스장과 수영장에서 건강을 잃지 않는 훈련을 하는 것이 중요합니다. 틈나는 대로 끊임없이 정보를 습득하고, 무언가 배우는 두뇌 훈련도 게을리하면 안 됩니다. 정신 훈련도 게을리하면 안 됩니다. 이 세 종류의 훈련을 다 하는 것이 중요합니다.

체력 훈련을 하는 사람보다 두뇌 훈련을 하는 사람은 적습니다. 두뇌 훈련을 하는 사람보다 정신 훈련을 하는 사람은 훨씬 더 적습니다.

결과적으로 체력 훈련을 하는 사람은 많지만, 두뇌 훈련을 하는 사람은 드물고, 정신 훈련을 하는 사람은 거의 없습니다.

육체 훈련은 되어 있지만 정신 훈련이 되어 있지 않으면, 위기를 맞았을 때 좌절하거나 비관주의에 빠집니다. 정신 훈련은 되어 있지만 육체 훈련이 되어 있지 않으면, 기회가 왔을 때 실천력 부족으로 기회를 잡지 못합니다. 육체 훈련과 정신 훈련은 서로 도와주는 강력한 연쇄 고리의 힘입니다.

정신 훈련은 끊임없는 독서를 통해 이루어집니다.

엄밀하게 이야기하면 우리 시대 책 읽는 사람은 전체 인구의 2퍼센트도 안 됩니다. 2퍼센트만 되어도 사실 수적으로는 어마어마합니다. 백만 명이나 되니까요? 백만 명이 두뇌 훈련이 아닌 정신 훈련을 위해 일주일에 책 한 권을 산다면, 우리나라 출판사들이 그렇게 힘들게 운영될 리 없습니다.

백만 명이 끊임없는 독서를 통해 정신 훈련한다면, 우리나라 정치, 경제, 사회, 문화가 훨씬 더 건강해질 것입니다. 하지만 현실은 그렇지 못합니다.

진정한 독서는 수업 시간에 레포트 쓰기 위해서 마지못해 읽는 것이 아닙니다.

진정한 독서는 정신과 영혼을 살찌우기 위해서 책 읽는 것을 말합니다. 어떤 어려운 일을 닥쳤을 때, 그 위기를 극복하려고 자신을 위한 책 읽기를 하는 사람들은 거의 없습니다. 정신 강화를 위해 책을 읽는 사람은 그 사람의 경제 수준이 낮건, 학력이 낮건 관계 없이 사회의 리더입니다. 그런 사람들은 어디에선가는 사회에서 반드시 자기 목소리를 내고 살아갑니다.

마키아벨리가 군주의 정신을 강화하기 위해 독서를 이야기했는데, 이는 우리 시대의 시민에게도 절대 중요합니다. 책을 읽는 것은 대단히 중요합니다.

부탁드립니다. 정신을 강화시키기 위해, 영혼을 살찌우기 위해 종교에 매달리지 마십시오.

종교는 정신과 영혼을 강화하는 것은 맞습니다. 단 그 종교를 위한 정신과 영혼만 살찌울 뿐입니다. 종교는 영혼을 살찌우고 정신을 강화한다는 명분으로 인간을 종교의 노예로 만들어버립니다.

노예로서 정신을 강화하고, 영혼을 강화해보았자 노예일 뿐입니다.

정신을 종교로 살찌우고 영혼을 믿음으로 강화할수록 더더욱 노예스러워지기 때문입니다.

로또 당첨 후

행복 지키기

로또에 당첨되는 것을 도와드릴 순 없습니다.

하지만 당첨된 뒤에 행복하게 사는 법을 분명히 가르쳐 드렸습니다. 강의를 들으신 분 중에 당첨되신 분이 있다면 저한테 전화하셔야 합니다. 그리고 술 한 잔 사셔야 합니다.

시뮬레이션을 돌려보고 돈을 어떻게 쓸 것인지 계속 생각해본 사람은 실수가 적습니다.

콩쥐나 신데렐라가 성공할 수 있었던 이유? 근면 성실하게 일하면서, 영혼을 살찌웠기 때문입니다. 신데렐라를 비롯해 제인 에어, 키다리 아저씨의 주인공들은 왜 성공했을까요? 이런 인물들의 가치관을 보시기 바랍니다. 모두 책을 열심히 읽었던 주인공들입니다. 제인 에어나 키다리 아저씨의 주인공들은 끊임없는 독서로 자신의 영혼을 살찌웠던 사람들이고 무언가를 준비했던 사람들입니다.

군주가 살아남는 법은 무엇인가?

무력의 역량을 갖추어라.
온화함을 잃지 마라.

마키아벨리는 그 점을 여러 장에 걸쳐서 이야기합니다. 보통 사람들이 세상에서 살아남는 법도 군주의 생존법과 다르지 않습니다. 세상 사람들이 다 착하다고 생각하지 말고, 적어도 타인에게 해코지하지 않고 때로는 선물을 주면서 최소한 나를 지키는 법 정도는 익혀두는 것입니다.

곤경과 역경에 빠졌을 때 살아남을 수 있는
강력한 정신력도 갖추어라.

끊임없이 독서를 하라.

포르투나는 기회나 분노로 찾아옵니다. 기회는 다가오는 행운이고, 분노는 닥쳐오는 역경입니다. 행운과 역경에 대처할 수 있는 능력을 키워야 합니다.

근면 성실해라.
준비해라.
비 올 때를 대비해서 준비해라.
시대정신을 따라서 기회를 포착하라.

포르투나가 기회와 분노로 다가온다면, 비르투나는 시대정신과 근면 성실로 대처하라고 합니다. 기회가 왔을 때 못 잡으면 아무 소용없습니다. 행운의 여신 포르투나와 정서적 시간의 신 카이로스를 보십시오. 그들은 언제든 달아날 자세가 되어 있습니다. 다가왔을 때 무조건 잡아야 합니다.

행운의 여신은 청년을 좋아합니다.

포르투나 여신이 좋아하는 사람이 있습니다. 행운의 여신은 젊은 청년을 좋아합니다. 왜 젊은 청년을 왜 좋아할까요? 청년은 무모하고 과감하고

행운과 역량의 풍자(페테르 루벤스, 17세기)

용기가 있기 때문입니다. 청년은 실패가 두려워도 시도합니다. 청년은 실패해도 뒤돌아보지 않습니다. 청년은 실패해서 쓰러져도 다시 일어납니다.

행운의 여신은 노인을 싫어합니다.

왜 싫어할까요? 노인은 계산을 잘하고 사려분별이 깊고 심사숙고하고 절대 모험하지 않기 때문입니다. 노인은 실패가 두려워 시도하지 않습니다. 노인은 주저하고 마지못해 시도하고, 언제 그만둘까부터 생각합니다. 노인은 쓰러지면 일어나지 않습니다. 마치 다운당한 선수처럼 노인은 누워 있는 것이 편하기 때문입니다.

나이가 젊다고 청년이 아닙니다.
나이가 많다고 노인이 아닙니다.

마키아벨리는 여기에서 생물학적 시간과 생물학적 연령으로 청년과 노인을 구분하지 않습니다.

청년의 정신을 갖는 것이 중요합니다.

아리스토텔레스도 청년을
나이로 구분하지 않았습니다.

나이가 25세인데 60세 먹은 노인보다 훨씬 더 도전하는 걸 두려워하는 청년들도 매우 많습니다. 반면 나이가 60세인데 과감하게 도전하는 노인도 있습니다. 중요한 것은 성도 아니고 나이도 아닙니다.

청년은 나이가 아니라 고난과 역경이 다가왔을 때 청년 정신을 갖고 있는가에 따라 결정됩니다.

무엇이 청년인가 노인인가를 결정할까요? 끊임없는 독서로 위대한 영혼을 키워왔는지, 이를 극복할 실천적 지식을 갖추었는지, 체력을 키워왔는지입니다.

행운의 여신 포르투나를 우의적으로 바라보시

기 바랍니다. 모든 인간에게 행운이나 불행이 다가옵니다. 불행이라면 청년의 정신을 갖고 싸워가야 합니다. 행운이라면 무모하다는 소리를 듣는다 할지라도 꼭 붙잡아야 합니다.

생물학적 청년이 아니라
정신적 청년이 중요합니다.

어떻게 청년의 정신을 갖춰야 할까요? 지금 현재 급속하게 변동하는 사회 속에서 어떻게 하면 좋을까요? 책 읽기, 독서가 그 답입니다.

어떻게 책 읽기 할 것인가? 한 주제나 한 인물이나 어떤 특정 분야를 잡으십시오. 그 분야를 10년 이상 계속 읽고 생각하십시오. 그와 관련된 글이나 다른 무엇으로 기록을 남기십시오. 그와 연관된 무엇을 창조하십시오. 지금도 늦지 않았습니다. 히키코모리나 오타쿠라 불려도 겁내지 마십시오. 이것이 우리 사회에서 많이 필요합니다.

행운의 풍자(도소 도시, 1530)

『위대한 유산』에서 주인공은
두 가지 유산을 받습니다.

하나는 '물질적' 유산으로 자기가 숨겨줬던 범죄
자에게 받습니다. 또 다른 하나는 '정신적' 유산으
로 자기 누나의 남편에게서 받습니다. 영어 'great'
는 물질적으로 표현되면 '막대한' 유산이고, 정신
적 유산으로 표현되면 '위대한' 유산입니다.

물질적이건 정신적이건 유산이 주어졌을 때 어
떻게 할 수 있을 것인가? 자녀가 4명이라 똑같이
10억을 나눠주면, 어떤 자식은 부자로 살고 또 다
른 자식은 3년이 안 되어 다 써버려 쫄딱 망합니다.
부모가 똑같이 사랑해서 똑같이 나눠준 재산이 똑
같이 남아 있지 않습니다.

왜? 무엇 때문에? 이런 일이 생길까요?

결국 기회가 왔든 불운이 닥쳐왔든 중요한 것은

개인의 체력과 지식과 정신이 3박자가 되어서 대처해야 합니다.

이것이 위대한 군주들이 해야 할 일입니다.
이것이 현재 우리들이 할 일입니다.

마키아벨리가『군주론』에서 행운과 역량을 통해 하고 싶었던 이야기는 바로 이것입니다.